황봉학 시인이 만든
# 시낭송 실기교본

제4권

황봉학 시인이 만든
## 시낭송 실기교본 4
초판인쇄 ǀ 2023년 10월 30일
초판발행 ǀ 2023년 11월 01일

지 은 이 ǀ 황봉학
자료수집 ǀ 김동희, 엄다경, 이숙희
펴 낸 이 ǀ 박종래
펴 낸 곳 ǀ 도서출판 명성서림

등록번호 ǀ 301-2014-013
주　　소 ǀ 04552 서울시 중구 삼일대로8길 17 3~4층(충무로 2가)
대표전화 ǀ 02)2277-2800
팩　　스 ǀ 02)2277-8945
이 메 일 ǀ ms8944@chol.com

ISBN 979-11-93543-04-7　04810　값 20,000원
ISBN 979-11-93543-00-9 (세트)

※ 이 책의 저작권은 저자와 도서출판 명성서림에 있습니다.
　　무단전재와 복제를 금합니다.

대한민국 시낭송가와 시낭송 지도자의 필수 지침서

황봉학 시인이 만든
# 시낭송 실기교본
제4권

도서출판 명성서림

| 머리말 |

## 대한민국 최초의 시낭송 실기교본

　새들이 창공을 높이 날 때, 그들에게는 날개가 있으니 당연히 쉽게 날 수 있는 줄 만 알았다. 하지만 새들은 어쩌면 필사적으로 먹이라는 목표를 향해 쉴 새 없이 날갯짓을 하는 것인지도 모른다.
　인간도 새와 다르지 않아 삶을 영위하기 위해 끊임없이 배우고 노력하며 자신의 참된 삶의 의미를 위해 최선을 다해 살아갈 것이다.
　필자 또한 이 책이 나오기까지 오십여 년을 시인으로 고뇌하는 창작자의 입장과, 시에 열의를 가진 제자들에게 실질적인 창작지도와, 시낭송을 배우고자 하는 수백 명의 낭송가들을 지도하며, 현장에서 보고 느낀 문제점과 시낭송대회에서 다년간의 심사 활동 등을 통하여, 경험으로 빚어낸 혼신의 힘을 쏟아 부었다고 자부한다.

　하지만 이 책은 단지 경험이나 지도의 노하우만으로 구성된 책은 아니다. 시의 문학성을 기본으로 하는 시의 이해와 표준발음법에 따른 정확한 발음과 표현법 등, 지금까지 시의 전문성과 시낭송을 결합하는 사람이 부족한 현실에서, 오직 시와 시낭송을 사랑하는 애틋한 마음으로 어려운 길을 개척해 왔다. 시를 중심으로 전문적인 이론과 실무를 시스

템적으로 마음껏 활용할 수 있도록 정리하여 시낭송의 거시적, 미시적 관점으로 모두 담아내고자 노력하였다.

이 책을 볼 수 있는 대상은 초보 시낭송인에서부터 문학의 입체적 지식을 필요로 하는 일반인, 학생, 전문적으로 시낭송을 가르치고 있는 지도자, 국어 선생님 등 모든 대상자를 망라하여 아우를 수 있는 시낭송계의 교과서이자 전문 지침서로 활용되길 바란다.

현대는 인터넷과 각종 매체를 통한 글의 무분별한 정보 속에 살고 있기에 검증되지 않은 정보의 홍수 속에서 이제는 무엇이 옳고 그른지 조차 분간하기 힘든 암담한 지경이다.

이 책 속에는 한국의 저명한 시인들의 100편이 넘는 시를, 정확한 원본을 찾는 과정과 시인의 소개, 시의 이해와 표준발음법에 의한 장음과 단음, 된소리 거센소리 등 발음의 유의점, 낭송의 실제 발음 등 친절한 사례를 통하여 독자가 쉽게 스스로 공부해 나갈 수 있도록 하였다. 무엇보다 가장 고뇌와 어려움이 컸던 부분은 이 책에 포함된 시의 저자 또는 후손을 통한 정확한 원본 대조 작업이었다. 인터넷에 떠다니는 진짜 저자의 작품이 무엇인지 구분할 수 없는 혼돈과 혼란으로부터 작가의 원작과 의도를 인터뷰나 시집 등을 통해 하나하나 대조 작업을 거쳐 빚어낸 땀의 결정체다.

이제 시낭송가는 올바른 국어와 우리말을 전도하고 전파하는 전문성을 겸비한 전도사가 되어야 한다. 장단음의 정확한 구사와 된소리와 거센소리를 구분하여 우리말의 고유한 리듬을 살리고 시어를 음성으로써 정확하게 전달할 수 있도록 안내하였다.

그동안 『좋은시바르게낭송하기운동』을 펼치면서 꾸준히 시의 원본의 중요성을 강조하는 지도와 홍보를 한 덕분에 낭송대회나 공연에서 원본을 확인하는 노력이 어느 정도 정착되었고, 조사 '의'와 '에'를 구분하여 낭송하는 것도 정착되어간다고 본다. 시창작의 기본인 '양행걸침'이나 '월행시행'의 경우는 철저하게 행을 지키며 낭송하는 단계에 이르게 되었다. '도치법'의 어미를 짧게 단호하게 처리함으로써 시가 강조하려는 시인의 의도를 살리는 낭송도 궤도에 이르렀다.

시낭송의 기교 중에는 연음, 여음, 토음, 함음이 있다. 이 중에서 가장 중요한 연음의 경우 미미한 수준의 시낭송가만 구사할 줄 아는 것으로 조사되었다. 모음 'ㅡ'와 'ㅜ'를 정확하게 구분하여 낭송하는 경우도 아주 적은 수준이다. 또한 조사 '의'는 '에'로 발음하는 것도 허용한다는 잘못된 표준발음법 때문에 꼭 '의'로 발음하지 않을 경우 시의 뜻이 달라지는 경우에도 '의'로 발음하지 못하는 시낭송가가 대부분이다. 시낭송가는 자신이 잘 구사되지 않는 발음은 수없이 연습하여서라도 발음 구사에 실패하여서는 안 된다.

시낭송이 예술의 한 장르로 올바르게 정착하기 위해서는 시낭송가 한 사람 한 사람이 책임감을 느끼고 낭송에 임해야 한다. 시낭송가라는 명칭이 생긴 지 이미 40여 년이 흘렀다. 불혹의 나이가 된 역사에 걸맞게 이제는 시낭송의 전문이론과 실무지식이 겸비되어야 한다.

이 책을 엮기 위하여 원본 확인과 표준발음법으로 교안을 작성하는데, 6년이라는 긴 시간이 흘렀다. 실로 눈물겨운 작업이었다. 잘못된 시낭송을 바로 잡고 시낭송가가 예술인으로서 우뚝 서야 한다는 일념이 아니고는 불가능한 작업이었다.

모쪼록 본 교본이 시낭송을 지도하는 현장에서 꼭 필요로 하는 지침서가 되고, 시낭송가에게는 올바른 시낭송이 무엇인가를 생각하게 되는 계기가 되기를 바라며, 시의 원본이 필요할 때 본 교재를 자신 있게 활용할 수 있기 바란다. 시낭송을 사랑하는 대한민국 국민의 교과서로서 새로운 이정표가 될 수 있기를 고대해 본다.

끝으로 본 교본을 발간하기 위하여 고심하며 함께 해온 김동희, 엄다경, 이숙희 님께 감사하다는 말씀을 드린다.

이제 필자는 또 시낭송에 필요한 새로운 자료를 정리하기 위하여 전국의 도서관을 향하여 발길을 옮긴다.

2023년 10월 '시인의 집 서재'에서
『좋은시바르게낭송하기운동』 본부장 황봉학

## | 전권 목차 |

01. 문태준의 「옮겨가는 초원」
02. 배한봉의 「육탁」
03. 류시화의 「그대가 곁에 있어도 나는 그대가 그립다」
04. 신석정의 「약속」
05. 문병란의 「인연서설」
06. 정윤천의 「십만 년의 사랑」
07. 김상옥의 「봉선화」〈시조〉
08. 조지훈의 「사모」
09. 이생진의 「그리운 바다 성산포」
10. 박규리의 「치자꽃 설화」
11. 정호승의 「연어」
12. 문병란의 「희망가」
13. 박경리의 「옛날의 그 집」
14. 조지훈의 「石 門」
15. 나희덕의 「못 위의 잠」
16. 유안진의 「자화상」
17. 황봉학의 「백두산에 올라」〈시조〉
18. 김현태의 「인연이라는 것에 대하여」
19. 이근배의 「겨울행」
20. 문정희의 「곡비(哭婢)」
21. 심순덕의 「엄마는 그래도 되는 줄 알았습니다」
22. 유치환의 「초상집」

23. 황봉학의 「아! 안중근」
24. 황지우의 「너를 기다리는 동안」
25. 백석의 「흰 바람벽이 있어」
26. 이근배의 「노래여 노래여」
27. 문태준의 「빈집의 약속」
28. 송수권의 「정든 땅 언덕 위에」
29. 정완영의 「연과 바람」〈시조〉
30. 송수권의 「여승」
31. 이건청의 「산양」
32. 유치환의 「뜨거운 노래는 땅에 묻는다」
33. 황봉학의 「주흘산 달빛을 보다」
34. 신경림의 「역전 사진관집 이층」
35. 심훈의 「그날이 오면」
36. 이생신의 「내가 백석이 되어」
37. 이호우의 「달밤」〈시조〉
38. 송수권의 「산문(山門)에 기대어」
39. 엄다경의 「아버지의 아궁이」
40. 황종권의 「나는 문경새재의 저녁으로 눕는다」
41. 박두진의 「휩쓸려가는 것은 바람이다」
42. 박두진의 「어서 너는 오너라」
43. 황봉학의 「주술사」
44. 김소월의 「초혼(招魂)」

45. 김사인의 「좌탈」
46. 신석정의 「그 먼 나라를 알으십니까」
47. 문무학의 「우체국을 지나며」〈시조〉
48. 이기철의 「이화령쯤에서」
49. 신석초의 「바라춤」
50. 서정주의 「석굴암 관세음의 노래」
51. 유종인의 「염색」
52. 길상호의 「손바닥 성지」
53. 황봉학의 「어머니의 베틀」
54. 이대흠의 「동그라미」
55. 정호승의 「가시」
56. 이근배의 「금강산은 길을 묻지 않는다」
57. 정완영의 「조국」〈시조〉
58. 김경훈의 「그 누가 묻거든」
59. 안도현의 「그대에게 가고 싶다」
60. 도종환의 「내가 사랑하는 당신은」
61. 김기림의 「길」
62. 함석헌의 「그 사람을 가졌는가」
63. 황봉학의 「돌의 노래」
64. 박형권의 「도축사 수첩」
65. 손택수의 「아버지의 등을 밀며」
66. 이승하의 「늙은 어머니의 발톱을 깎아드리며」

67. 김중식의 「완전무장」
68. 장시하의 「돌아보면 모두가 사랑이더라」
69. 이기철의 「별까지는 가야 한다」
70. 김광균의 「설야」
71. 신경림의 「가난한 사랑노래」
72. 마종기의 「우화의 강 1」
73. 황봉학의 「파계사에서」〈시조〉
74. 김남조의 「가난한 이름에게」
75. 한용운의 「님의 침묵」
76. 김선우의 「목포항」
77. 정윤천의 「발해로 가는 저녁」
78. 박목월의 「어머니의 언더라인」
79. 조향미의 「온돌방」
80. 공광규의 「담장을 허물다」
81. 이수익의 「昇天」
82. 윤동주의 「쉽게 씌어진 시」
83. 황봉학의 「피리」
84. 김도솔의 「인력 시장」〈시조〉
85. 박제천의 「비천」
86. 나태주의 「너무 그러지 마시어요」
87. 함민복의 「눈물은 왜 짠가」
88. 피재현의 「밀당」

89. 김재진의 「토닥토닥」
90. 정호승의 「수선화에게」
91. 도종환의 「담쟁이」
92. 문병란의 「바다가 내게」
93. 김찬자의 「시(詩) 담은 찻사발」
94. 황봉학의 「일월오봉도」
95. 이상국의 「물속의 집」
96. 김수영의 「풀」
97. 천양희의 「우표 한장 붙여서」
98. 복효근의 「어떤 종이컵에 관한 관찰 기록」
99. 곽재구의 「김소월을 가르치다 보면」
100. 이정록의 「도깨비기둥」


[부록]
▶ 원본과 정본 그리고 발음법 ◀

01. 사평역에서 / 곽재구
02. 어느 대나무의 고백 / 복효근
03. 뼈저린 꿈에서만 / 전봉건
04. 둥근, 어머니의 두레밥상 / 정일근
05. 태양의 각문 / 김남조

06. 연리지(連理枝) / 황봉학

07. 쉬 / 문인수

08. 나와 나타샤와 흰 당나귀 / 백 석

09. 상한 영혼을 위하여 / 고정희

10. 목마와 숙녀 / 박인환

11. 자화상 / 서정주

12. 남사당 / 노천명

13. 한계령을 위한 연가 / 문정희

14. 빼앗긴 들에도 봄은 오는가 / 이상화

15. 나 하나 꽃 피어 / 조동화

16. 방문객 / 정현종

17. 네 켤레의 신발 / 이기철

18. 그대 앞에 봄이 있다 / 김종해

19. 들판은 시집이다 / 이기철

20. 멀리서 빈다 / 나태주

| 제4권 목차 |

80. 공광규의 「담장을 허물다」 16
81. 이수익의 「昇天」 25
82. 윤동주의 「쉽게 씌어진 시」 34
83. 황봉학의 「피리」 48
84. 김도솔의 「인력 시장」〈시조〉 54
85. 박제천의 「비천」 61
86. 나태주의 「너무 그러지 마시어요」 69
87. 함민복의 「눈물은 왜 짠가」 78
88. 피재현의 「밀당」 91
89. 김재진의 「토닥토닥」 98
90. 정호승의 「수선화에게」 102
91. 도종환의 「담쟁이」 107
92. 문병란의 「바다가 내게」 113
93. 김찬자의 「시(詩) 담은 찻사발」 122
94. 황봉학의 「일월오봉도」 129
95. 이상국의 「물속의 집」 135
96. 김수영의 「풀」 146
97. 천양희의 「우표 한장 붙여서」 153
98. 복효근의 「어떤 종이컵에 관한 관찰 기록」 161
99. 곽재구의 「김소월을 가르치다 보면」 168
100. 이정록의 「도깨비기둥」 177

| 부 록 |

## 원본과 정본 그리고 발음법

| | |
|---|---|
| 01. 사평역에서 / 곽재구 | 186 |
| 02. 어느 대나무의 고백 / 복효근 | 191 |
| 03. 뼈저린 꿈에서만 / 전봉건 | 195 |
| 04. 둥근, 어머니의 두레밥상 / 정일근 | 202 |
| 05. 태양의 각문 / 김남조 | 206 |
| 06. 연리지(連理枝) / 황봉학 | 210 |
| 07. 쉬 / 문인수 | 214 |
| 08. 나와 나타샤와 흰 당나귀 / 백 석 | 217 |
| 09. 상한 영혼을 위하여 / 고정희 | 221 |
| 10. 목마와 숙녀 / 박인환 | 225 |
| 11. 자화상 / 서정주 | 230 |
| 12. 남사당 / 노천명 | 233 |
| 13. 한계령을 위한 연가 / 문정희 | 237 |
| 14. 빼앗긴 들에도 봄은 오는가 / 이상화 | 241 |
| 15. 나 하나 꽃 피어 / 조동화 | 247 |
| 16. 방문객 / 정현종 | 250 |
| 17. 네 켤레의 신발 / 이기철 | 253 |
| 18. 그대 앞에 봄이 있다 / 김종해 | 256 |
| 19. 들판은 시집이다 / 이기철 | 259 |
| 20. 멀리서 빈다 / 나태주 | 263 |

# 80 공광규의 「담장을 허물다」

**담장을 허물다** / 공광규

고향에 돌아와 오래된 담장을 허물었다
기울어진 담을 무너뜨리고 삐걱거리는 대문을 떼어냈다
담장 없는 집이 되었다
눈이 시원해졌다

우선 텃밭 육백평이 정원으로 들어오고
텃밭 아래 사는 백살 된 느티나무가 아래 둥치째 들어왔다
느티나무가 그늘 수십평과 까치집 세채를 가지고 들어왔다
나뭇가지에 매달린 벌레와 새 소리가 들어오고
잎사귀들이 사귀는 소리가 어머니 무릎 위에서 듣던 마른 귀지 소리를 내며 들어왔다

하루 낮에는 노루가
이틀 저녁엔 연이어 멧돼지가 마당을 가로질러 갔다

겨울에는 토끼가 먹이를 구하러 내려와 방콩 같은 똥을 싸고 갈 것이다
풍년초 꽃이 하얗게 덮인 언덕의 과수원과 연못도 들어왔는데
연못에 담긴 연꽃과 구름과 해와 별들이 내 소유라는 생각에 뿌듯하였다

미루나무 수십그루가 줄지어 서 있는 금강으로 흘러가는 냇물과
냇물이 좌우로 거느린 논 수십만마지기와
들판을 가로지르는 외산면 무량사로 가는 국도와
국도를 기어다니는 하루 수백대의 자동차가 들어왔다
사방 푸른빛이 흘러내리는 월산과 청태산까지 나의 소유가 되었다

마루에 올라서면 보령 땅에서 솟아오른 오서산 봉우리가 가물가물 보이는데
나중에 보령의 영주와 막걸리 마시며 소유권을 다투어볼 참이다
오서산을 내놓기 싫으면 딸이라도 내놓으라고 협박할 생각이다
그것도 안 들어주면 하늘에 울타리를 쳐서
보령 쪽으로 흘러가는 구름과 해와 달과 별과 은하수를 멈추게 할 것이다

공시가격 구백만원짜리 기울어가는 시골 흙집 담장을 허물고 나서
나는 큰 고을 영주가 되었다

- 시집 『담장을 허물다』 (창비, 2013. 08). 30~32쪽.

## 정본 또는 원본 확인과정
공광규의 시집 『담장을 허물다』에서 원본을 발췌하였다.

## 시인소개
**공광규 시인**
출생 : 1960년 6월 15일, 충남 청양군
학력 : 단국대학교 문예창작과 졸업
데뷔 : 1986년 동서문학 '저녁1' 등단
수상 : 2020. 제9회 녹색문학상

## 시의 이해
　담장 허물기가 유행한 적 있다. 학교 운동장 주변의 담장을 먼저 허물어서 학교의 내부가 훤히 보이게 한 것은 참 다행스러운 일이다.
　'차경借景'이라는 말이 있다. 주변의 경관을 그대로 이용하여 집을 짓거나 건물을 짓는 것을 말하는데, '담장을 허물면 주변의 경관은 다 나의 소유이고 나의 정원이 된다.

## 발음 연구
참 : 주로 뒤에 오는 형용사를 꾸며, 그 정도가 크거나 사실성이 짙다

는 뜻으로 쓰이는 말.
참: : 무엇을 할 생각이나 의향. 무엇을 하는 경우나 때.

구백만원짜리-구뱅마눤짜리
제18항 받침 "ㄱ(ㄲ, ㅋ, ㄳ, ㄺ), ㄷ(ㅅ, ㅆ,d ㅈ, ㅊ, ㅌ, ㅎ), ㅂ(ㅍ, ㄼ, ㄿ, ㅄ)"
은 "ㄴ, ㅁ" 앞에서 [ㅇ, ㄴ, ㅁ]으로 발음한다.

## 장단음 연구

〈장음〉
대:문을, 없:는, 사:는, 수:십평과, 까:치집, 세:채를, 매:달린, 새:, 귀:지, 내:며, 하:얗게, 소:유, 과:수원과, 별:들이, 수:십그루가, 금:강으로, 냇:물과, 냇:물이, 좌:우로, 수:십마지기와, 들:판을, 외:산면, 수:백대의, 사:방, 보:령, 나:중에, 보:령의, 소:유권을, 참:이다, 내:놓기, 내:놓으라고, 별:과.

〈단음〉
오래된, 노루, 영주,

## 된소리와 예사소리

〈된소리=경음화〉
허물었다-허무럳따, 삐걱거리는-삐걱꺼리는, 떼어냈다-떼어낻따, 되었다-되얻따, 시원해졌다-시원해젇따, 텃밭-터(턷)빧, 육백평이-육빽평이, 백살-백쌀, 들어왔다-드러왇따, 나뭇가지에-나무(묻)까지에, 잎사귀들이-입싸귀드리, 듣던-듣떤, 멧돼지-멛뙈지, 갔다-갇따, 것이다-꺼시다, 연못도-연몯또, 연꽃과-연꼳꽈, 뿌듯하였다-뿌드타엳따, 수십그루가-수:십끄루가, 국도와-국또와, 수백대의-수:백때의, 월산과-월싼과, 막걸리-막껄리, 소유권을-소:유꿔늘, 협박할-협빠칼, 그것도-그걷또, 흙집-흑찝.

〈거센소리=격음화〉

하얗게-하:야케, 뿌듯하였다-뿌드타엳따, 내놓기-내:노키, 협박할-협빠칼,

### 조사 '의'의 발음

이 시에는 아래와 같이 조사 '의'가 있다.

'풍년초 꽃이 하얗게 덮인 언덕의 과수원과 연못도 들어왔는데'
'하루 수백대의 자동차가 들어왔다'
'월산과 청태산까지 나의 소유가 되었다'
'나중에 보령의 영주와 막걸리 마시며'

이 중 '풍년초 꽃이 하얗게 덮인 언덕의 과수원과 연못도 들어왔는데'에서 조사 '의'를 '에'로 발음하면 과수원과 연못이 언덕으로 들어가 버리게 된다. 즉 반대의 뜻이 되어 버리므로 조사 '의'의 발음은 신중히 검토하여 발음하여야 한다.

### 띄어읽기와 끊어읽기

우선/ 텃밭 육백평이 정원으로 들어오고(○)

우선 텃밭/ 육백평이 정원으로 들어오고(X)

## 중요 낱말 및 시어 시구 풀이
방콩 : 사전에도 없는 식물이름임. 시인만이 아는 방언이나 사투리로 추정됨.

## 낭송의 실제

## 담장을 허물다 / 공광규
- 담장을 허물다 / 시 공광규. 낭 : 송 ○○○.

　고향에 돌아와 오래된 담장을 허물었다
　- 고향에 도라와 오래된 담장을 허무럳따
　기울어진 담을 무너뜨리고 삐걱거리는 대문을 떼어냈다
　- 기우러진 다믈 무너뜨리고 삐걱꺼리는 대ː무늘 떼어낻따
　담장 없는 집이 되었다
　- 담장 엄ː는 지비 되얻따
　눈이 시원해졌다
　- 누니 시원해젇따

　우선 텃밭 육백평이 정원으로 들어오고
　- 우선 터빧 육빽평이 정워느로 드러오고

텃밭 아래 사는 백살 된 느티나무가 아래 둥치째 들어왔다

- 터(턷)빹 아래 사ː는 백살 된(백쌀된) 느티나무가 아래 둥치째 드러왇따

느티나무가 그늘 수십평과 까치집 세채를 가지고 들어왔다

- 느티나무가 그늘 수ː십평과 까ː치집 세ː채를 가지고 드러왇따

나뭇가지에 매달린 벌레와 새 소리가 들어오고

- 나무(묻)까지에 매ː달린 벌레와 새ː 소리가 드러오고

잎사귀들이 사귀는 소리가 어머니 무릎 위에서 듣던 마른 귀지 소리를 내며 들어왔다

- 입싸귀드리 사귀는 소리가 어머니 무릅 위에서 듣떤 마른 귀ː지 소리를 내ː며 드러왇따


하루 낮에는 노루가

- 하루 나제는 노루가

이틀 저녁엔 연이어 멧돼지가 마당을 가로질러 갔다

- 이틀 저녀겐 여니어 메뙈지(멛뙈지)가 마당을 가로질러 갇따

겨울에는 토끼가 먹이를 구하러 내려와 방콩 같은 똥을 싸고 갈 것이다

- 겨우레는 토끼가 머기를 구하러 내려와 방콩 가튼 똥을 싸고 갈 거시다(꺼시다)

풍년초 꽃이 하얗게 덮인 언덕의 과수원과 연못도 들어왔는데

- 풍년초 꼬치 하ː야케 더핀 언더긔(게) 과ː수원과 연몯또 드러

왔는데

　연못에 담긴 연꽃과 구름과 해와 별들이 내 소유라는 생각에 뿌듯하였다

　- 연모세 담긴 연꼳꽈 구름과 해와 별:드리 내 소:유라는 생가게 뿌드타엳따


　미루나무 수십그루가 줄지어 서 있는 금강으로 흘러가는 냇물과

　- 미루나무 수:십끄루가 줄지어 서 인는 금:강으로 흘러가는 낻:물과

　냇물이 좌우로 거느린 논 수십만마지기와

　- 낻:무리 좌:우로 거느린 논 수:심만마지기와

　들판을 가로지르는 외산면 무량사로 가는 국도와

　- 들:파늘 가로지르는 외:산면 무량사로 가는 국또와

　국도를 기어다니는 하루 수백대의 자동차가 들어왔다

　- 국또를 기어다니는 하루 수:백때의(에) 자동차가 드러왇따

　사방 푸른빛이 흘러내리는 월산과 청태산까지 나의 소유가 되었다

　- 사:방 푸른비치 흘러내리는 월싼과 청태산까지 나의(에) 소:유가 되얻따


　마루에 올라서면 보령 땅에서 솟아오른 오서산 봉우리가 가물가물 보이는데

　- 마루에 올라서면 보:령 땅에서 소사오른 오서산 봉우리가 가물

가물 보이는데
　나중에 보령의 영주와 막걸리 마시며 소유권을 다투어볼 참이다
　- 나ː중에 보ː령의(에) 영주와 막껄리 마시며 소ː유꿔늘 다투어볼 차ː미다
　오서산을 내놓기 싫으면 딸이라도 내놓으라고 협박할 생각이다
　- 오서사늘 내ː노키 시르면 따리라도 내ː노으라고 협빠칼 생가기다
　그것도 안 들어주면 하늘에 울타리를 쳐서
　- 그걷또 안 드러주면 하느레 울타리를 처서
　보령 쪽으로 흘러가는 구름과 해와 달과 별과 은하수를 멈추게 할 것이다
　- 보ː령 쪼그로 흘러가는 구름과 해와 달과 별ː과 은하수를 멈추게 할 거시다(꺼시다)

　공시가격 구백만원짜리 기울어가는 시골 흙집 담장을 허물고 나서
　- 공시가격 구뱅마눤짜리 기우러가는 시골 흑찝 담장을 허물고 나서
　나는 큰 고을 영주가 되었다
　- 나는 큰 고을 영주가 되얻따

## 81 이수익의 「昇天」


昇天 / 이수익

내 목소리가
저 물소리의 벽을 깨고 나아가
하늘로 힘껏 솟구쳐 올라야만 한다.

소리로써 마침내 소리를 이기려고
歌人은
심산유곡 폭포수 아래에서 날마다
목청에 핏물 어리도록 발성을 연습하지만,

열길 높이에서 떨어지는 물줄기는
쉽게 그의 목소리를 덮쳐
계곡을 가득 물소리 하나로만 채워 버린다.

그래도 그는 날이면 날마다

산에 올라

제 목소리가 물소리를 뛰어넘기를 수 없이 企圖하지만,

한번도 자세를 흩뜨리지 않는

폭포는

준엄한 스승처럼 곧추 앉아

수직의 말씀만 내리실 뿐이다.


끝내

절망의 유복자를 안고 하산한 그가

발길 닿는 대로 정처 없이 마을과 마을을 흘러 다니면서

소리의 昇天을 이루지 못한 제 한을 토해 냈을 때,


그 핏빛 소리에 취한 사람들이

그를 일러

참으로 하늘이 내리신 소리꾼이라 하더라.


- 이수익 시선집 『불과 얼음의 콘스트』 (나남출판, 2015). 20~21쪽.


## 정본 또는 원본 확인과정
이수익의 시선집 『불과 얼음의 콘스트』에서 원본을 발췌함.

### 참고본 또는 이본

昇天 / 이수익

내 목소리가
저 물소리의 벽을 깨고 나아가
하늘로 힘껏 솟구쳐 올라야만 한다.

소리로써 마침내 소리를 이기려고
歌人은
심산유곡 폭포수 아래에서 날마다
목청에 핏물 어리도록 발성을 연습하지만,

열길 높이에서 떨어지는 물줄기는
쉽게 그의 목소리를 덮쳐
계곡을 가득 물소리 하나로만 채워 버린다.

그래도 그는 날이면 날마다
산에 올라
제 목소리가 물소리를 뛰어넘기를 수없이 企圖하지만,
한번도 자세를 흐뜨리지 않는
폭포는

준엄한 스승처럼 곧추 앉아

수직의 말씀만 내리실 뿐이다.

끝내

절망의 유복자를 안고 下山한 그가

발길 닿는 대로 정처없이 마을과 마을을 흘러 다니면서

소리의 昇天을 이루지 못한 제 恨을 토해 냈을 때,

그 핏빛 소리에 취한 사람들이

그를 일러

참으로 하늘이 내리신 소리꾼이라 하더라.

- 이수익 시집 『푸른 추억의 빵』 (고려원, 1995) 16~17쪽.

### 시인소개

**이수익 시인**

출생 : 1942. 11. 28. 경상남도 함안

학력 : 서울대학교 영어교육학 학사

수상 : 2008년 제3회 이형기문학상, 2007년 제4회 육사시문학상, 2007년 공초문학상

경력 : 2003.03~2007.11 고려대학교 사회교육원 시창작반 지도교수
　　　2002.09~2002.12 이화여자대학교 국문학과 강사

### 시의 이해

 스승은 제자를 길러 아무리 출중한 실력을 갖추어도 자만하거나 그릇된 길을 걸을까 좀처럼 칭찬하지 않는다. 하지만 혼을 다하여 공부한 사람은 언젠가는 '하늘이 내린 사람'임을 사람들은 인정하게 된다. 우리 시인과 시낭송가도 그럴 것이라 믿는다.

### 발음 연구

연습하지만-연: 스파지만 (표준발음법 제12항. [붙임 1] 받침 "ㄱ(ㄺ), ㄷ, ㅂ(ㄼ), ㅈ(ㄵ)"이 뒤 음절 첫소리 "ㅎ"과 결합되는 경우에도, 역시 두 소리를 합쳐서 [ㅋ, ㅌ, ㅍ, ㅊ]으로 발음한다.

### 장단음 연구

⟨장음⟩
심:산유곡, 연:습하지만, 쉽:게, 수:, 없:이, 준:엄한, 말:씀만, 안:고, 하:산한, 닿:는, 정:처 없이, 못:한, 한:을, 토:해, 취:한, 사:람들이.
⟨단음⟩
절망.

### 된소리와 예사소리

⟨된소리⟩
목소리-목쏘리, 물소리-물쏘리, 솟구쳐-손꾸쳐, 발성을-발썽을 열길-열낄, 물줄기는-물쭐기는, 쉽게-쉽:께, 뛰어넘기를-뛰어넘끼를, 없이-

업:씨, 유복자를-유복짜를, 안고-안:꼬, 발길-발낄, 정처없이-정:처 업씨, 핏빛-피삗

〈거센소리〉

연습하지만-연:스파지만, 못한-모:탄,

## 조사 '의'의 발음

이 시에는 아래와 같이 조사 '의'가 있다.

'저 물소리의 벽을 깨고 나아가' (의:물소리의 벽, 에:물소리에 다른 어떤 벽을 깨고 나아감)

'수직의 말씀만 내리실 뿐이다.' (의: 말씀이 수직, 에:수직의 물소리 때문에 내리는 말)

'쉽게 그의 목소리를 덮쳐'

'절망의 유복자를 안고 하산한 그가' (의:유복자가 절망, 에:절망 때문에 유목자를 안고 하산한다는 뜻)

'소리의 昇天(승천)을 이루지 못한' (의:소리의 승천, 에:어떤 소리에 의해 승천을 이루지 못함)

모두 '의'로 발음하여야 한다.

## 띄어읽기와 끊어읽기

시의 행이 잘 구분되어 시행에 따라 낭송하면 '띄어읽기와 끊어읽기'

에 큰 무리가 없겠다.

## 중요 낱말 및 시어 시구 풀이
가인歌人 : 노래를 잘 부르거나 잘 짓는 사람.
승천昇天 : 하늘에 오름.

## 낭송의 실제

### 昇天 / 이수익

- 昇天 / 시 이수익. 낭:송 ○○○.

　내 목소리가
　- 내 목쏘리가
　저 물소리의 벽을 깨고 나아가
　- 저 물쏘리의 벼글 깨고 나아가
　하늘로 힘껏 솟구쳐 올라야만 한다.
　- 하늘로 힘껃 솓꾸처 올라야만 한다.

　소리로써 마침내 소리를 이기려고
　- 소리로써 마침내 소리를 이기려고
　歌人은
　- 가이는

심산유곡 폭포수 아래에서 날마다

– 심ː산뉴곡 폭포수 아래에서 날마다

목청에 핏물 어리도록 발성을 연습하지만,

– 목청에 핀물 어리도록 발썽을 연ː스파지만,


열길 높이에서 떨어지는 물줄기는

– 열낄 노피에서 떠러지는 물쭐기는

쉽게 그의 목소리를 덮쳐

– 쉽ː께 그의(에) 목쏘리를 덥처

계곡을 가득 물소리 하나로만 채워 버린다.

– 게(계)고글 가득 물쏘리 하나로만 채워 버린다.


그래도 그는 날이면 날마다

– 그래도 그는 나리면 날마다

산에 올라

– 사네 올라

제 목소리가 물소리를 뛰어넘기를 수 없이 企圖하지만,

– 제 목쏘리가 물쏘리를 뛰어넘끼를 수ː 업ː씨 기도하지만,

한번도 자세를 흩뜨리지 않는

– 한번도 자세를 흩뜨리지 안는

폭포는

– 폭포는

준엄한 스승처럼 곧추 앉아

- 주:넘한 스승처럼 곧추 안자

수직의 말씀만 내리실 뿐이다.

- 수지긔(게) 말:씀만 내리실 뿌니다.

끝내

- 끈내

절망의 유복자를 안고 하산한 그가

- 절망의(에) 유복짜를 안:꼬 하:산한 그가

발길 닿는 대로 정처 없이 마을과 마을을 흘러 다니면서

- 발낄 단:는 대로 정:처 업:씨 마을과 마으를 흘러 다니면서

소리의 昇天을 이루지 못한 제 한을 토해 냈을 때,

- 소리의(에) 승처늘 이루지 모:탄 제 하:늘 토:해 내쓸 때

그 핏빛 소리에 취한 사람들이

- 그 피삗 소리에 취:한 사:람드리

그를 일러

- 그를 일러

참으로 하늘이 내리신 소리꾼이라 하더라.

- 차므로 하느리 내리신 소리꾸니라 하더라.

## 82 윤동주의 「쉽게 씌어진 시」

쉽게 씌어진 시 / 윤동주

창밖에 밤비가 속살거려
육첩방은 남의 나라,

시인이란 슬픈 천명인 줄 알면서도
한 줄 시를 적어 볼까,

땀내와 사랑 내 포근히 품긴
보내 주신 학비 봉투를 받아

대학 노 - 트를 끼고
늙은 교수의 강의 들으러 간다.

생각해보면 어린 때 동무들
하나, 둘, 죄다 잃어버리고

〉
나는 무얼 바라
나는 다만, 홀로 침전하는 것일까?

인생은 살기 어렵다는데
시가 이렇게 쉽게 씌어지는 것은
부끄러운 일이다.

육첩방은 남의 나라.
창밖에 밤비가 속살거리는데,

등불을 밝혀 어둠을 조금 내몰고,
시대처럼 올 아침을 기다리는 최후의 나,

나는 나에게 작은 손을 내밀어
눈물과 위안으로 잡는 최초의 악수.

- 1942. 6. 3

- 정본 『윤동주전집』 (문학과지성사, 2004년 7월 14일 초판 발행)
  (2011년 12월 6일 초판 9쇄 발행. 128~129쪽.

### 참고본 또는 이본

## 쉽게 씌어진 시 / 윤동주

창 밖에 밤비가 속살거려
육첩방六疊房은 남의 나라,

시인이란 슬픈 천명인 줄 알면서도
한 줄 시를 적어 볼까,

땀내와 사랑내 포근히 품긴
보내주신 학비 봉투를 받아
대학 노트를 끼고
늙은 교수의 강의 들으러 간다.

생각해 보면 어릴 때 동무를
하나, 둘, 죄다 잃어버리고

나는 무얼 바라
나는 다만, 홀로 침전하는 것일까?

인생은 살기 어렵다는데

시가 이렇게 쉽게 씌어지는 것은
부끄러운 일이다.

육첩방은 남의 나라
창 밖에 밤비가 속살거리는데,

등불을 밝혀 어둠을 조곰 내몰고,
시대처럼 올 아침을 기다리는 최후의 나,

나는 나에게 적은 손을 내밀어
눈물과 위안으로 잡는 최초의 악수.

- 시집『별 헤는 밤』(민음사, 1996) 45~46쪽.

## 정본

### 쉽게 씨워진 詩 / 故. 尹東柱

窓밖에 밤비가 속살거려
六疊方은 남의 나라,
〉

詩人이란 슬픈 天命인줄 알면서도
한줄 詩를 적어 볼까,

땀내와 사랑내 포근히 품긴
보내주신 學費封套를 받어

大學노-트를 끼고
늙은 敎授의 講義 들으러간다.

생각해 보면 어린때 동무를
하나, 둘, 죄다 잃어버리고

나는 무얼 바라
나는 다만, 홀로 沈澱하는것일까?

人生은 살기 어렵다는데
詩가 이렇게 쉽게 씨워지는것은
부끄러운 일이다.

六疊房은 남의 나라.
窓밖에 밤비가 속살거리는데,
〉

등ㅅ불을 밝혀 어둠을 조금 내몰고,
時代처럼 올 아침을 기다리는 最後의 나,

나는 나에게 적은 손을 내밀어
눈물과 慰安으로 잡는 最初의 握手.

- 京鄕新聞. 一九四七年二月十三日. (一九四二年六月三日)


## 쉽게 씨워진 詩

窓밖에 밤비가 속살거려
六疊房은 남의 나라,

詩人이란 슬픈 天命인줄 알면서도
한줄 詩를 적어 볼가.

땀내와 사랑내 포근히 품긴
보내주신 學費封套를 받어

大學노-트를 끼고
늙은 敎授의 講義 들으러 간다.

〉

생각해 보면 어린때 동무를
하나, 둘, 죄다 잃어 버리고

나는 무얼 바라
나는 다만, 홀로 沈澱하는 것일가?

人生은 살기 어렵다는데
詩가 이렇게 쉽게 씨워지는 것은
부끄러운 일이다.

六疊房은 남의 나라
窓밖에 밤비가 속살거리는데,

등불을 밝혀 어둠을 조곰 내몰고,
時代처럼 올 아침을 기다리는 最後의 나,

나는 나에게 작은 손을 내밀어
눈물과 慰安으로 잡는 最初의 握手.

一九四二.六.三.

- 윤동주 시집 『하늘과 바람과 별과 詩』 (正音社.1955.2.16.發行) 50~52쪽.
『하늘과 바람과 별과 詩』 (1948). 50~52쪽.

## 원본 또는 정본 확인과정

이 시는 시인이 작고 후에 발표된 시이므로 정본의 개념이 없다. 친구에게 보낸 편지 형태의 시를 정지용 시인이 신문에 기고하고 친지들이 유고집을 펴내면서 시집에 수록이 되었다. 신문의 원본과 문학과 지성사의 『윤동주전집』을 기준으로 작성하였다.
이 시에서 주목해야할 문장이 있다.
　'생각해보면 어릴 때 동무들'
　'나는 나에게 작은 손을 내밀어'인데
원문에는 '어린 때 동무를'과 '적은 손을'로 되어 있다.
한글맞춤법이 제대로 만들어지지 않았을 때 작품이기 때문에 현재의 맞춤법에 따라 교정한 것임을 이해하고 낭송하여야 한다.

## 시인소개

**윤동주 시인**

출생 : 1917년 12월 30일
사망 : 1945년 2월 16일 (향년 27세)
가족 : 동생 윤혜원, 윤일주
학력 : 연희전문학교
데뷔 : 1936년 가톨릭소년지 동시 '병아리' 발표.

### 시의 이해

　시인이 일본 릿쿄대학에 유학 중이던 1942년에 창작되었다. 윤동주 시인이 쓴 마지막 시로써 친구에게 편지 형태로 보낸 것으로 알려져 있다. 시인이 1945년 2월 16일 후쿠오카 형무소에서 옥사한 후에 고·윤동주의 이름으로 정지용의 소개문과 함께 경향신문에 (1947년 2월 13일) 소개되었다. 그 후 1948년 정음사에서 시인의 작품을 모아 유고집이 발간되는데 '하늘과 바람과 별과 詩'가 그것이다. 그 시집에 이 시가 수록된다.

### 발음 연구

강의(발음-강:이)(강:의) : 조사 '의'는 '의'로 발음하는 것을 원칙으로 하고 '에'로 발음하는 것도 허용한다라고 되어 있다. 그러나 '강의'는 명사이고 첫음절이 아니기 때문에 '강: 이'로 발음할 수 있다. 〈표준발음법 제5항〉

### 장단음 연구

〈장음〉
쉽:게, 알:면서도, 대:학, 교:수의, 강:의, 둘:, 죄:다, 다:만, 살:기, 일:이다, 내:몰고, 최:후의, 작:은, 내:밀어, 최: 초의.

〈단음〉
노트(note),

### 된소리, 거센소리, 예사소리

〈된소리〉

쉽게-쉽ː께, 밤비가-밤삐가, 속살거려-속쌀거려, 육첩방은-육첩빵은, 학비-학삐, 어렵다는데-어렵따는데, 등불을 밝혀-등뿌를 발켜, 악수-악쑤.

〈거센소리〉

생각해보면-생가캐보면, 이렇게-이러케, 등불을 밝혀-등뿌를 발켜,

### 줄임말과 본말

무얼-무엇을

### 조사 '의'의 발음

이 시에는 아래와 같이 조사 '의'가 나온다.

　'육첩방은 남의 나라,'

　'늙은 교수의 강의 들으러 간다.'

　'눈물과 위안으로 잡는 최초의 악수.'

조사 '의'를 '에'로 발음하여도 큰 무리가 없다.

### 띄어읽기와 끊어읽기

　행의 배열이 '율행'으로 잘 정리되어 있다. 행의 배열에 따라 낭송하면 된다.

### 중요 낱말 및 시어 시구 풀이

밤비 : 암담하고 쓸쓸한 당시의 상황과 관련하여, 화자로 하여금 자신을 성찰하게 하는 계기를 제공함.

속살거려 : 작은 목소리로 수다스럽게 속닥거리다.

육첩방六疊房 : 다다미방(짚과 돗자리로 만든 두꺼운 깔개 여섯 장을 깐 일본식 방) -> 일본이라는 낯설고 부자유스러운 공간. 자아를 구속하는 숨 막히는 공간

천명天命 : ① 타고난 수명. ② 하늘의 명령. 여기서는 ②의 뜻

슬픈 천명 : ① '시'란 시인의 삶을 반영하는 것인데 삶 자체가 슬프기 때문에 ② 조국이 멸망한 상황에서 그 조국을 침략한 나라에 와서 유학하는 마당에 노래를 해야 되기 때문 → 자신에 대한 이러한 파악은 역사적이고 현실적인 안목에 따른 것임.

시인이란 슬픈 천명인 줄 알면서도 : 시인이 당대의 현실을 올바르게 인식하고 직접 대응, 참여하지 못하고 현실을 주재主宰하는 실력자가 되지 못하고 오직 언어나 다듬고 시를 쓸 수밖에 없는 무력한 시인인 줄 알면서도 -> 천명天命을 지닌[운명적] 사람이라는 괴로움 표현

늙은 교수의 강의 : 현실과 거리가 먼 낡은 지식, 메마른 지식, 무가치한 지식 ->화자는 교수의 강의가 조국의 현실에 별 도움이 안 된다는 회의를 느낌.

침전沈澱 : 액체 속에 섞인 작은 고체가 밑바닥에 가라앉음.

나는 무얼 바라/나는 다만, 홀로 침전沈澱하는 것일까? : ① 고독 속에서 이루어지는 끝없는 자기 성찰의 과정을 '침전'이라는 말로 암시함.

또한 '침전'은 무기력한 자신에 대한 부끄러움과 반성의 의미를 나타냄.

## 낭송의 실제

### 쉽게 씌어진 시 / 윤동주

- 쉽:께 씨어진 시 / 시 윤동주. 낭:송 ○○○.

창밖에 밤비가 속살거려
- 창바께 밤삐가 속쌀거려

육첩방은 남의 나라,
- 육첩빵은 나믜(메) 나라,

시인이란 슬픈 천명인 줄 알면서도
- 시이니란 슬픈 천명인 줄 알:면서도

한 줄 시를 적어 볼까,
- 한 줄 시를 저거 볼까,

땀내와 사랑 내 포근히 품긴
- 땀내와 사랑내(붙여서발음해야한다) 포근히 품긴

보내 주신 학비 봉투를 받아
- 보내 주신 학삐 봉투를 바다
〉

45

대학 노 - 트를 끼고

- 대:학 노 - 트를 끼고

늙은 교수의 강의 들으러 간다.

- 늘근 교:수의(에) 강:이(의) 드르러 간다.


생각해보면 어린 때 동무들

- 생가캐보면 어린 때 동무들

하나, 둘, 죄다 잃어버리고

-하나, 둘:, 죄:다 이러버리고


나는 무얼 바라

- 나는 무얼 바라

나는 다만, 홀로 침전하는 것일까?

- 나는 다:만, 홀로 침전하는 거실까?


인생은 살기 어렵다는데

- 인생은 살:기 어렵따는데

시가 이렇게 쉽게 씌어지는 것은

- 시가 이러케 쉽:께 씨어지는 거슨

부끄러운 일이다.

- 부끄러운 이:리다.

〉

육첩방은 남의 나라.
- 육첩빵은 나믜(에) 나라.

창밖에 밤비가 속살거리는데,
- 창바께 밤삐가 속쌀거리는데,

등불을 밝혀 어둠을 조금 내몰고,
- 등뿌를 발켜 어두을 조금 내:몰고,

시대처럼 올 아침을 기다리는 최후의 나,
- 시대처럼 올 아치믈 기다리는 최(췌):후의(에) 나,

나는 나에게 작은 손을 내밀어
- 나는 나에게 자:근 소늘 내:미러

눈물과 위안으로 잡는 최초의 악수.
- 눈물과 위아느로 잠는 최(췌):초의(에) 악쑤.


## 강의 노트

〈땀내와 사랑 내〉

 '땀내'는 사전에 올라와 있으나 '사랑내'는 사전에 없다. 사랑에는 냄새가 없으니 당연하다. 하지만 시에서 사용하는 '감각의 전이'로, 시인이 사용하는 시어이다. 그러므로 붙여서 발음해야 한다.

# 83 황봉학의 「피리」

피리 / 황봉학

내가 하나의 막힌 대나무였을 때
나는 그대를 온전히 사모할 수 없었습니다

아무리 소리를 내어 그대를 부르려 하여도
그대의 이름은 막힌 내 몸을 빠져나가지 못합니다

나는 온몸으로 울며 그대를 부르는데도
바람결에 흔들린다고 그대는 말할 뿐입니다

나는 이제 그대 위해 팔다리를 모두 잘라 버리고
막혔던 마디마디에 구멍을 뚫어
파인 살을 떨며 그대를 부릅니다

마디마다 갇혀 있던 그대 이름을 쏟으며

원 없이 원 없이 그대를 부릅니다

뚫린 여덟 구멍마다 흐느끼며 부르는 그대 이름
깡말라 버린 몸뚱이에 아픈 구멍이 뚫리므로
이제 나는 당신을 목놓아 부릅니다.

- 황봉학 시집 『눈 시리도록 보고픈 사람』 (중외출판사. 2005. 11. 1.) 78쪽.

## 원본 또는 정본 확인과정

황봉학 시집 『눈 시리도록 보고픈 사람』《중외출판사》에서 원본 발췌.

## 참고본 또는 이본

이본은 없음.

## 시인소개

**황봉학 시인, 시낭송 교육자**

　경북 문경 출생. 시전문지《애지》「신인문학상」으로 등단하여 『주술사』 등 시집을 발간하여 「세종도서 문학나눔」에 선정되었다. 시를 전문적으로 쓰고 있으나 어느 행사에서 시낭송가들의 시낭송을 관람한 뒤, 시 원본을 훼손하여 낭송하고 있는 현실의 심각성을 느끼고 시를 제대로 낭송하게 하겠다는 사명감으로 『시낭송 교본』을 발행하는 등 현재 '시낭송

교육'에 전념하고 있다.

### 시의 이해

시인은 어느 문화행사에서 피리의 연주를 듣게 된다. 우리 고유의 악기인 피리가 내는 음률에 빠져들어 한참을 피리의 연주가 끝나고도 다른 연주는 귀에 들어오지 않았다. 가느다란 깡마른 대나무의 몸에서 어떻게 저런 소리가 흘러나올 수 있을까?라는 물음에 빠져 피리의 전생인 대나무를 생각하게 되고 대나무가 피리가 되기까지의 과정을 되짚어보니 너무도 큰 아픔을 견디고 나서야 피리가 된다는 사실을 깨달았다. 우리의 인생살이에서도 특히 아픔을 견디어 내고 이룬 사랑이 가장 아름답다는 이야기와도 같다.

이 시는 어느 잡지사의 응모에 당선되어 서울 여대의 한성우 박사님의 평으로 소개되었다.

### 발음 연구

내어 : 어원 '내:다'는 장음이지만 활용형 '내어'는 단음이며 줄임말 '내:'는 장음이 된다.

### 장단음 연구

〈장음〉

온:전히, 없:었습니다, 아:무리, 빠:져나가지, 못:합니다, 온:몸으로, 울:며, 말:할, 떨:며, 원:, 없:이.

## 된소리, 거센소리, 예사소리

〈된소리〉
사모할 수-사모할 수(쑤), 없었습니다-업ː썰씁니다, 바람결에-바람껴레, 막혔던-마켵떤, 있던-읻떤, 없이-업ː씨,

〈거센소리〉
막힌-마킨, 못합니다-모ː탑니다, 막혔던-마켵떤, 갇혀-가쳐,

## 조사 '의'의 발음

이 시에는 조사 '의'가 두 군데 등장한다.

'내가 하나의 막힌 대나무였을 때'
'그대의 이름은 막힌 내 몸을 빠져나가지 못합니다'

두 군데 모두 '의'로 발음하면 훨씬 부드럽게 들린다.

## 띄어읽기와 끊어읽기

이 시는 행과 연이 짧게 구분되어 있다.
'띄어읽기와 끊어읽기'에 어려움이 없다.

## 중요 낱말 및 시어 시구 풀이

'뚫린 여덟 구멍' : 피리에는 실제 구멍이 여덟 군데 뚫리어 있다.

## 낭송의 실제

### 피리 / 황봉학

- 피리 / 시 황봉학. 낭ː송 ○○○.

　내가 하나의 막힌 대나무였을 때
　- 내가 하나의(에) 마킨 대나무여쓸 때
　나는 그대를 온전히 사모할 수 없었습니다
　- 나는 그대를 온ː전히 사모할 수(쑤) 업ː썯씀니다

　아무리 소리를 내어 그대를 부르려 하여도
　- 아ː무리 소리를 내어 그대를 부르려 하여도
　그대의 이름은 막힌 내 몸을 빠져나가지 못합니다
　- 그대의 이르믄 마킨 내 모믈 빠ː저나가지 모ː탐니다

　나는 온몸으로 울며 그대를 부르는데도
　- 나는 온ː모므로 울ː며 그대를 부르는데도
　바람결에 흔들린다고 그대는 말할 뿐입니다
　- 바람껴레 흔들린다고 그대는 말ː할 뿐님니다

　나는 이제 그대 위해 팔다리를 모두 잘라 버리고
　- 나는 이제 그대 위해 팔다리를 모두 잘라 버리고

막혔던 마디마디에 구멍을 뚫어
- 마켣떤 마디마디에 구멍을 뚜러
파인 살을 떨며 그대를 부릅니다
- 파인 사를 떨ː며 그대를 부름니다

마디마다 갇혀 있던 그대 이름을 쏟으며
- 마디마다 가쳐 읻떤 그대 이르을 쏘드며
원 없이 원 없이 그대를 부릅니다
- 원ː 업ː씨 원ː 업ː씨 그대를 부름니다

뚫린 여덟 구멍마다 흐느끼며 부르는 그대 이름
- 뚤린 여덜 구멍마다 흐느끼며 부르는 그대 이름
깡말라 버린 몸뚱이에 아픈 구멍이 뚫리므로
- 깡말라 버린 몸뚱이에 아픈 구멍이 뚤리므로
이제 나는 당신을 목놓아 부릅니다.
- 이제 나는 당시늘 몽노아 부름니다.

## 84 김도솔의 「인력 시장」 〈시조〉

인력 시장 / 김도솔

별조차 얼어붙은 칼바람 새벽 거리
오늘은 행여라도 이름이 불려질까
기나긴
하루를 팔러온
푸른 수의 푸른 손

하릴없는 연장들만 무게로 짊어진
톱 망치 대패 줄자 끌 타카 먹통이며
수평의 기울기마저
꼭짓점을 잃었다

햇볕에 언 몸 녹이는 담장에 기대서서
내뱉는 담배 연기보다 한숨이 더욱더 긴
내일은 나아지리라

스스로를 속이는

하루치 주린 목을 소주잔에 채우고
웅크려 처진 어깨가 대문 삐걱 들어서는
아버지,
아버지를 잃고
아버지가 된 사람들

- 계간시조전문지《나래시조》(2023년) 봄호. 61쪽.

## 원본 또는 정본 확인과정
시조 전문지《나래시조》2023년 봄호에서 원문 발췌.

## 참고본 또는 이본
참고본 또는 이본이 없다.

## 시인소개
**김도솔 시인 (김동희)**
출생 : 1963. 경북 문경.
데뷔 : 2022년《나래시조》신인상.
학력 : 한국방송통신대학 국어국문학과 졸업.

경력 : 작가사상 편집주간. 문경새재전국시낭송대회 운영위원장.
수상 : 제15회 조지훈예술제, 시낭송퍼포먼스대회 대상.

## 시의 이해

 "칼바람 새벽 거리"에서 시작되는 힘겨운 삶은 가족들의 생계를 위해 하루를 팔아야 하는 아버지의 일상이다. 둘째 수에서 나열된 연장들은 날카롭고 팽팽한 삶을 끌고 가는 장치들이지만, 그마저도 일감이 없어 무용지물이 되는 날이 많아진다. 하루를 팔진 못한 날은 "꼭짓점을 잃"어 삶은 중심도 없이 표류하게 된다. 셋째 수에서 담배 연기 속에 한숨을 숨기며 애써 내일을 기약해 보지만 "스스로를 속이"듯 자신을 위로해야 하는 현실 앞에서는 클라이맥스처럼 울컥하게 된다. 마치 소설의 기승전결처럼 느껴지는 시다. 그렇다면 결론은 어떻게 나는 걸까? 고단했던 하루를 따뜻하게 위로해주는 감로수 같은 소주가 있다. 고급 저택은 아니지만 "대문 삐걱" 들어가면 반겨주는 가족들을 위해 하루치 생을 아무렇게나 살 수 없는 가장인 그는, 우리 모두의 "아버지"다. 넷째 수 종장에서 앞의 시 전체를 묶어 "아버지를 잃고 아버지가 된 사람들"이란 여운 깊은 결론을 내린다. 이렇게 역설과 모순되는 요소들을 화해시켜 의미 있는 전체를 완성한 시조다. 풍요로운 현대문명의 첨단은 손에 잡힐 듯 가까이 있다. 하지만 아직도 일용직 근로자들처럼 하루치 품을 팔며 도시 속을 배회하는 사람들이 있다.

– 곽종희 시인.

(《나래시조》 여름호에 '지난 계절 좋은 시조'로 '작품평'과 함께 재수록)

### 발음 연구
발음에 특별히 유의할 사항이 없다.

### 장단음 연구
〈장음〉
시:장, 별:조차, 행:여라도, 기:나긴, 하:릴없는, 대:패, 언:, 기:대서서, 내:뱉는, 담:배, 간:, 주:린, 처:진, 대:문, 사:람들.

### 된소리, 거센소리, 예사소리
〈된소리=경음화〉
꼭짓점을-꼭찌(찓)쩌믈, 잃었다-이럳따, 햇볕에-해(핻)뼈테, 소주잔에-소주짜네
〈거센소리〉
잃고-일코

### 조사 '의'의 발음
푸른 수의 푸른 손 (조사 '의'가 아니므로 유의)
수평의 기울기마저

### 띄어읽기와 끊어읽기
시조의 율격에 따라 낭송하면 무리가 없다.

### 중요 낱말 및 시어 시구 풀이
건설현장에서 쓰는 공구 이름에 유의하여야 한다.

### 낭송의 실제
#### 인력 시장 / 김도솔
- 일력 시:장 / 시조 김도솔. 낭:송 ○○○.

별조차 얼어붙은 칼바람 새벽 거리
- 별:조차 어러부튼 칼바람 새벽 거리

오늘은 행여라도 이름이 불려질까
- 오느른 행:여라도 이르미 불려질까

기나긴
- 기:나긴

하루를 팔러온
- 하루를 팔러온

푸른 수의 푸른 손
- 푸른 수의(이) 푸른 손

하릴없는 연장들만 무게로 짊어진

- 하ː리럼는 연장들만 무게로 질머진

톱 망치 대패 줄자 끌 타카 먹통이며
- 톱 망치 대ː패 줄자 끌 타카 먹통이며

수평의 기울기마저
- 수평의(에) 기울기마저

꼭짓점을 잃었다
- 꼭찌(찓)쩌믈 이럳따


햇볕에 언 몸 녹이는 담장에 기대서서
- 해(핻)뼈테 언ː 몸 노기는 담장에 기ː대서서

내뱉는 담배 연기보다 한숨이 더욱더 긴
- 내ː밷는 담ː배 연기보다 한수미 더욱더 긴ː

내일은 나아지리라
- 내이른 나아지리라

스스로를 속이는
- 스스로를 소기는


하루치 주린 목을 소주잔에 채우고
- 하루치 주ː린 모글 소주짜네 채우고

웅크려 처진 어깨가 대문 삐걱 들어서는
- 웅크려 처ː진 어깨가 대ː문 삐걱 드러서는

아버지,

- 아버지,

아버지를 잃고

- 아버지를 잃고

아버지가 된 사람들

- 아버지가 된 사ː람들

# 85 박제천의 「비천」


**비천**飛天 / 박제천

  나는 종이었다 하늘이 내게 물을 때 바람이 내게 물을 때 나는 하늘이 되어 바람이 되어 대답하였다 사람들이 그의 괴로움을 물을 때 그의 괴로움이 되었고 그의 슬픔을 물을 때 그의 슬픔이 되었으며 그의 기쁨을 물을 때 그의 기쁨이 되었다

  처음에 나는 바다였다 바다를 떠다니는 물결이었다 물결 속에 떠도는 물방울이었다 아지랑이가 되어 바다꽃이 되어 하늘로 올라가고 싶은 바람이었다

  처음에 나는 하늘이었다 하늘을 흘러다니는 구름이었다 구름 속에 떠도는 물방울이었다 비가 되어 눈이 되어 땅으로 내려가고 싶은 몸부림이었다

  처음에 그 처음에 나는 어둠이었다 바다도 되고 하늘도 되는 어둠이

었다 나는 사람들의 마음속에 깃들어 있는 그리움이며 미움이고 말씀이며 소리였다

참으로 오랜 동안 나는 떠돌아다녔다 내 몸 속의 피와 눈물을 말렸고 뼈는 뼈대로 살은 살대로 추려 산과 강의 구석구석에 묻어두었고 불의 넋 물의 흐름으로만 남아 땅속에 묻힌 하늘의 소리 하늘로 올라간 땅속의 소리를 들으려 하였다

떠돌음이여 그러나 나를 하늘도 바다도 어둠도 그 무엇도 될 수 없게 하는 바람이여 하늘과 땅 사이에 나를 묶어두는 이 기묘한 넋의 힘이여 하늘과 땅 사이를 날게 하는 이 소리의 울림이여.

- 시집『하늘꽃』(미래사, 1991). 48~49쪽.


## 정본 또는 원본 확인과정
박제천 시인의 시집『하늘꽃』에서 원본을 발췌하였다.

## 시인소개
**박제천 시인**
1945년 서울에서 출생.
동국대 국문과를 졸업.

1965년《현대문학》으로 등단.
시집 『장자시』『나무 舍利』『SF-교감』 등,
기타 저서 『마음의 샘』, 『시를 어떻게 쓸 것인가』(강우식 공저), 『시를 어떻게 고칠 것인가』, 『한국의 명시를 찾아서』 등.
현대문학상, 한국시협상, 월탄문학상, 윤동주문학상, 공초문학상 등 수상.
한국문화예술진흥원 자료관장과 경기대 대우교수 역임.
현재 성균관대, 추계예대, 동국대(문창과 겸임교수)에 출강. 문학아카데미 대표,
계간 『문학과 창작』 발행인 겸 편집인.

## 시의 이해

　음악을 좋아하는 '비천'이라 어떤 사람과도 잘 어울릴 것이다. 아픈 사람이면 아픈 사람 슬픈 사람이면 슬픈 사람에게 맞추어 '사람들이 그의 괴로움을 물을 때 그의 괴로움이 되었고 그의 슬픔을 물을 때 그의 슬픔이 되었으며 그의 기쁨을 물을 때 그의 기쁨이 되었다' 우리는 사람을 사귈 때 이처럼 '그'가 물을 때 '그'가 되어서 과연 답을 할 수 있을까? '비천'이라서 가능하겠지만 우리도 언제나 '비천'이 되어서 그 누군가인 '그'에게 '비천'처럼 답을 할 수 있을 것이다.

## 발음 연구

참 : 주로 뒤에 오는 형용사를 꾸며, 그 정도가 크거나 사실성이 짙다는
　　 뜻으로 쓰이는 말.

참: : 무엇을 할 생각이나 의향. 무엇을 하는 경우나 때.

## 장단음 연구
〈장음〉
대:답하였다, 사:람들이, 속:에, 눈:이, 말:씀이며, 속:의, 없:게.
〈단음〉
참으로, 기묘한,

## 된소리, 거센소리, 예사소리
〈된소리=경음화〉
종이었다-종이얻따, 대답하였다-대:다파엳따, 되었고-되얻꼬, 되었다-되얻따, 바다였다-바다엳따, 물결이었다-물껴리얻따, 물결-물껼, 물방울이었다-물빵우리얻따, 바람이었다-바라미얻따, 하늘이었다-하느리얻따, 구름이었다-구르미얻따, 몸부림이었다-몸부리미얻따, 어둠이있다-어두미얻따, 마음속에-마음쏘게, 깃들어-긷뜨러, 소리였다-소리엳따, 떠돌아다녔다-떠도라다녇따, 말렸고-말렫꼬, 구석구석에-구석꾸서게, 두었고-두얻꼬, 땅속에-땅쏘게, 하였다-하엳따, 무엇도-무얻또, 될 수 없게-될 수(쑤) 업:께,
〈거센소리=격음화〉
대답하였다-대:다파엳따. 묻힌-무친.

### 조사 '의'의 발음

이 시에는 아래와 같이 조사 '의'가 있다.

'사람들이 그의 괴로움을 물을 때 그의 괴로움이 되었고'

'그의 슬픔을 물을 때 그의 슬픔이 되었으며'

'그의 기쁨을 물을 때 그의 기쁨이 되었다'

'나는 사람들의 마음속에 깃들어 있는'

'내 몸 속의 피와 눈물을 말렸고'

'산과 강의 구석구석에 묻어 두었고 불의 넋 물의 흐름으로만 남아'

'하늘의 소리 하늘로 올라간 땅속의 소리를 들으려 하였다'

'이 기묘한 넋의 힘이여 하늘과 땅 사이를 날게하는 이 소리의 울림이여'

모두 '에'로 발음하여도 무방하나 '의'로 발음할 것을 권장한다.

### 띄어읽기와 끊어읽기

   시가 산문 형태로 되어 있어 문장의 흐름을 잘 이해하고 미리 빗금(/)을 그어 낭송할 때 호흡조절에 실패가 없도록 유의하여야 한다.

### 중요 낱말 및 시어 시구 풀이

비천飛天 : 1. [불교] 하늘을 날아다니며 하계 사람과 왕래한다는 여자 선인仙人. 머리에 화만華鬘을 쓰고 몸에는 깃옷을 입고 있으며, 음악을 좋아한다고 한다.

2. 불교 불경에 나오는, 사람의 머리를 한 상상의 새. 히말라야산맥의 설

산에 살며, 그 울음소리가 곱고, 극락에 둥지를 튼다고 한다.

## 낭송의 실제

### 비천飛天 / 박제천

– 비천 / 시 박제천. 낭ː송 ○○○.

   나는 종이었다 하늘이 내게 물을 때 바람이 내게 물을 때 나는 하늘이 되어 바람이 되어 대답하였다 사람들이 그의 괴로움을 물을 때 그의 괴로움이 되었고 그의 슬픔을 물을 때 그의 슬픔이 되었으며 그의 기쁨을 물을 때 그의 기쁨이 되었다
   – 나는 종이얻따 하느리 내게 무를 때 바라미 내게 무를 때 나는 하느리 되어 바라미 되어 대ː다파엳따 사ː람드리 그의(에) 괴로우믈 무를 때 그의(에) 괴로우미 되얻꼬 그의(에) 슬프믈 무를 때 그의(에) 슬프미 되어쓰며 그의(에) 기쁘믈 무를 때 그의(에) 기쁘미 되얻따

   처음에 나는 바다였다 바다를 떠다니는 물결이었다 물결 속에 떠도는 물방울이었다 아지랑이가 되어 바다꽃이 되어 하늘로 올라가고 싶은 바람이었다
   – 처으메 나는 바다엳따 바다를 떠다니는 물껴리얻따 물껼 소ː게 떠도는 물빵우리얻따 아지랑이가 되어 바다꼬치 되어 하늘로 올라가고 시픈 바라미얻따

〉

　처음에 나는 하늘이었다 하늘을 흘러다니는 구름이었다 구름 속에 떠도는 물방울이었다 비가 되어 눈이 되어 땅으로 내려가고 싶은 몸부림이었다

　- 처으메 나는 하느리얻따 하느를 흘러다니는 구르미얻따 구름 소:게 떠도는 물빵우리얻따 비가 되어 누:니 되어 땅으로 내려가고 시픈 몸부리미얻따


　처음에 그 처음에 나는 어둠이었다 바다도 되고 하늘도 되는 어둠이었다 나는 사람들의 마음속에 깃들어 있는 그리움이며 미움이고 말씀이며 소리였다

　- 처으메 그 처으메 나는 어두미얻따 바다도 되고 하늘도 되는 어두미얻따 나는 사:람드리(레) 마음쏘게 긷뜨러 인는 그리우미며 미우미고 말:쓰미며 소리엳따


　참으로 오랜 동안 나는 떠돌아다녔다 내 몸 속의 피와 눈물을 말렸고 뼈는 뼈대로 살은 살대로 추려 산과 강의 구석구석에 묻어두었고 불의 넋 물의 흐름으로만 남아 땅속에 묻힌 하늘의 소리 하늘로 올라간 땅속의 소리를 들으려 하였다

　- 차므로 오랜 동안 나는 떠도라다녇따 내 몸 소:긔(게) 피와 눈무를 말렫꼬 뼈는 뼈대로 사른 살대로 추려 산과 강의(에) 구석꾸서게 무더두얻꼬 부릐(레) 넉 무릐(레) 흐르므로만 나마 땅쏘게 무친 하느

리(레) 소리 하늘로 올라간 땅쏘긔(게) 소리를 드르려 하옏따

  떠돌음이여 그러나 나를 하늘도 바다도 어둠도 그 무엇도 될 수 없게 하는 바람이여 하늘과 땅 사이에 나를 묶어두는 이 기묘한 넋의 힘이여 하늘과 땅 사이를 날게 하는 이 소리의 울림이여.
  - 떠도르미여 그러나 나를 하늘도 바다도 어둠도 그 무얻또 될 수(쑤) 업:께 하는 바라미여 하늘과 땅 사이에 나를 무꺼두는 이 기묘한 넉씨(쎄) 히미여 하늘과 땅 사이를 날게 하는 이 소리의(에) 울리미여.

# 86 나태주의 「너무 그러지 마시어요」

## 너무 그러지 마시어요 / 나태주

　너무 그러지 마시어요. 너무 섭섭하게 그러지 마시어요. 하나님, 저에게가 아니에요. 저의 아내 되는 여자에게 그렇게 하지 말아달라는 말씀이에요. 이 여자는 젊어서부터 병과 더불어 약과 더불어 산 여자예요. 세상에 대한 꿈도 없고 그 어떤 사람보다도 죄를 안 만든 여자예요. 신장에 구두도 많지 않은 여자구요. 장롱에 비싸고 좋은 옷도 여러 벌 가지지 못한 여자예요. 한 남자의 아내로서 그림자로 살았고 두 아이의 엄마로서 울면서 기도하는 능력밖엔 없는 여자이지요. 자기 이름으로 꽃밭 한 평, 채전밭 한 귀퉁이 가지지 못한 여자예요. 남편 되는 사람이 운전조차 할 줄 모르는 쑥맥이라서 언제나 버스만 타고 다닌 여자예요. 돈을 아끼느라 꽤나 먼 시장 길도 걸어 다니고 싸구려 미장원에만 골라 다닌 여자예요. 너무 그러지 마시어요. 가난한 자의 기도를 잘 들어 응답해주시는 하나님, 저의 아내 되는 사람에게 너무 섭섭하게 그러지 마시어요.　(2007)

- 나태주 대표시 선집 『이제 너 없이도 너를 좋아할 수 있다』 푸른길.
  초판 1쇄 발행 2017년 4월 5일. 초판 7쇄 발행 2021년 9월 24일. 89쪽.

### 원본 또는 정본 확인과정

　나태주 시인의 대표시 선집 『이제 너 없이도 너를 좋아할 수 있다』에서 발췌하였다.

### 참고본 또는 이본

### 너무 그러지 마시어요 / 나태주

　너무 그러지 마시어요. 너무 섭섭하게 그러지 마시어요. 하나님, 저에게가 아니에요. 저의 아내 되는 여자에게 그렇게 하지 말아 달라는 말씀이어요. 이 여자는 젊어서부터 병과 더불어 약과 더불어 산 여자예요. 세상에 대한 꿈도 없고 그 어떤 사람보다도 죄를 안 만든 여자예요. 신발장에 구두도 많지 않은 여자구요. 장롱에 비싸고 좋은 옷도 여러 벌 가지지 못한 여자예요. 한 남자의 아내로서 그림자로 살았고 두 아이의 엄마로서 울면서 기도하는 능력밖엔 없는 여자이지요. 자기 이름으로 꽃밭 한 평, 채전밭 한 귀퉁이 가지지 못한 여자예요. 남편 되는 사람이 운전조차 할 줄 모르는 쑥맥이라서 언제나 버스만 타고 다닌 여자예요. 돈을 아끼느라 꽤나 먼 시장 길도 걸어다니고 싸구려 미장원에만 골라 다닌 여자예요. 너무 그러지 마시어요. 가난한 자의 기도를 잘 들어 응답해주시는 하나님, 저의 아내 되는 사람에게 너무 섭섭하게 그러지 마시어요.

- 계간《시와 시학》2007년 가을호.

## 시인소개
**나태주 시인**
1945년 서천 출생.
1971년 서울신문 신춘문예에 당선돼 작품 활동.
시집 『대숲 아래서』 출간 이후 『풀꽃』, 『너와 함께라면 인생도 여행이다』, 『꽃을 보듯 너를 본다』 등 출간.
소월시문학상, 흙의문학상, 충청남도문화상 등 수상.

## 시의 이해
〈'너무 그러지 마시어요' 시에 대한 나태주 시인의 설명글〉
 2007년은 나의 생애 가운데 가장 힘들었던 한 해였고 가장 중요한 일이 많이 일어난 한해였습니다. 젊어서부터 신장결석으로 고생했으며 한 차례 개복수술을 하고 한 차례 내시경수술을 받았습니다.

 그래서 몸이 불편하다 싶으면 신장 쪽만 살피고 고혈압 약만 챙겨서 먹었지 간장이나 쓸개 쪽은 관심도 없었는데 이번에는 쓸개 줄에 1.7센

티미터나 되는 돌이 생겨 그것이 쓸개 줄을 터트리는 바람에 쓸개 액이 몽땅 복강 사이로 쏟아져 나와 장기를 오염시키는 일이 일어났습니다.

그것은 중대 사고였습니다.
그런 상황이라면 도저히 살아나지 못한다는 것이 의학적 상식이었던가 봅니다.
쓸개 액은 특히 췌장을 4분의 3이나 녹이는 괴사성 췌장염을 일으켰습니다. 수술불가, 치유불가가 그 당시의 진단내용이었습니다.

대전의 한 대학병원에서 3개월 치료하다가 도저히 안 되겠다 싶어서 속 시원히 수술이라도 한 번 해보자 싶어 옮긴 곳이 서울아산병원이었습니다.

진단을 하고 난 외과의사는 일언지하로 말했습니다. '이미 죽을 사람이 왔군요. 너무 진행되었습니다. 옛날 사람은 이렇게 되는 경우가 있지만 요즘 사람들은 이렇게까지는 가지 않습니다. 수술해봐야 건질 것이 없겠습니다.

어떤 의사도 이런 환자를 맡기를 원하진 않을 것입니다.'
그래도 우리는 막무가내로 매달렸고 그 병원에서 내과로 전과하여 그야말로 기적과 같이 완치하여 퇴원하는 기쁨을 맛보았습니다.

앞에서 '기적과 같이'라고 썼지만 그것은 분명 기적이었습니다.

그 복잡한 과정을 어찌 다 말과 글로 쓸 수 있다 하겠는지요.

병원생활 중 하나도 병의 차도가 없어 무작정 하나님께 매달리며 기도를 많이 드렸습니다.

기도라고 해야 화려한 기도가 아닙니다. 똑같은 말을 되풀이 하는 기도입니다.

'살려주십시오. 살려주십시오.' 그 말만 몇 시간이고 반복하는 기도입니다.

아내 또한 같은 내용을 기도로 드렸다고 합니다. '하나님 저는 절대로 혼자서는 공주 집으로 돌아가지 않겠습니다.

결단코 저 사람을 살려주십시오.'

하나님이 얼마나 들으시기 힘들었을까요. 한 사람은 살려달라고만 말하고 또 한 사람은 혼자서는 집으로 돌아가지 않겠다고, 차라리 같이 죽겠노라 고집을 부리며 떼를 쓰니 참 하나님도 곤란하셨을 것입니다. 그래서 끝내 하나님께서 '그래 모르겠다, 너희들 맘대로 해라', 그러면서 우리의 기도를 슬그머니 들어주시지 않았나 모르겠습니다.

숨어서 기도하고 찬송 부르고 하는 동안 쓴 시가 바로 위의 시인데 독백체로, 이야기체로 썼으니 부연설명이 필요 없는 작품입니다. 다만 읽어 이해와 느낌이 있으면 족한 문장입니다.

이 시를 붓펜으로 써서 면회 온 누군가에게 부탁하여 〈시와 시학〉 잡지사에 투고를 했는데 그 해 가을호에 발표되었습니다.

　이 시에는 기교도, 수식도, 시적인 구도도 없지만 많은 독자들이 읽고 공감을 표시해주었습니다.

　이 시를 읽고 이정록 시인이 우리 집사람이 답시 형식으로 쓴 양, 글을 써서 어느 잡지에 실은 적이 있는데 이 글이 정말로 우리 집사람이 쓴 것처럼 알려져 인터넷에 떠도는 걸 보는데 분명히 밝히거니와 그 글은 우리 집사람의 글이 아니고, 이정록 시인의 글입니다.

　오해 없기를 바라면서 그 글을 옮겨 싣습니다. 이정록 시인이 쓴 글을 읽어보며 소름이 끼쳐지기도 합니다. 시인이 시를 쓸 때는 이 정도는 빙의憑依가 되어야 하는 게 아닌가 싶은 생각에서입니다.

### 발음 연구

어원 '말:다'는 장음이지만 활용형 '말아'는 단음으로 발음된다.
어원 '젊:다'는 장음이지만 활용형 '젊어'는 단음으로 발음된다.
어원 '살:다'는 장음이지만 활용형 '살아'는 단음으로 발음된다.
어원 '걷:다'는 장음이지만 활용형 '걸어'는 단음으로 발음된다.
〈신장과 신짱 : 예사소리 '신장'으로 발음하면 '몸의 길이'나 '장기의 하나' 등으로, 된소리 '신짱'로 발음하면 '신을 넣어두는 장'〉

## 장단음 연구

〈장음〉

마ː시어요, 말ː씀이에요, 병ː과, 산ː, 세ː상에, 대ː한, 없ː고, 사ː람보다도, 죄ː를, 많ː지, 장ː롱에, 좋ː은, 못ː한, 그ː림자로, 두ː, 울ː면서, 없ː는, 사ː람이, 운ː전조차, 모ː르는, 언ː제나, 돈ː을, 먼ː, 시ː장, 미ː장원에만, 응ː답해주시는, 사ː람에게.

## 된소리, 거센소리, 예사소리

〈된소리=경음화〉

섭섭하게-섭써파게, 약과-약꽈, 없고-업ː꼬, 신장에-신짱에, 옷도-옫또, 살았고-사랃꼬, 능력밖엔-능녁빠껜, 꽃밭-꼳빹.

〈거센소리=격음화〉

섭섭하게-섭써파게, 그렇게-그러케, 많지-만ː치, 못한-모ː탄, 응답해주시는-응ː다패주시는.

## 조사 '의'의 발음

'저의 아내', ' 한 남자의 아내로서', '두 아이의 엄마로서' 모두 '에'로 발음하여도 무방하다.

## 띄어읽기와 끊어읽기

시의 형태가 산문형으로 되어 있지만 문장을 끊어서 나열해보면 '구어체'를 사용한 짧은 문장으로 구성되어 있다. ','(반점)으로 된 것과 '.'(온

점)'으로 된 문장 부분을 잘 이해하고 '띄어읽기'와 '끊어읽기'를 활용하면 큰 문제가 없겠다.

### 중요 낱말 및 시어 시구 풀이
'신발장'과 '신장'
　신을 넣어 두는 장을 뜻하는 말로 '신발장'과 '신장'을 쓸 수 있습니다. 다만 '신장'보다는 '신발장'을 쓰면, 뜻이 더 잘 전달될 것으로 보입니다. - 국립국어원 온라인가나다.

### 낭송의 실제

### 너무 그러지 마시어요 / 나태주
- 너무 그러지 마:시어요 / 시 나태주. 낭:송 ○○○.

　너무 그러지 마시어요. 너무 섭섭하게 그러지 마시어요. 하나님, 저에게가 아니에요. 저의 아내 되는 여자에게 그렇게 하지 말아달라는 말씀이에요. 이 여자는 젊어서부터 병과 더불어 약과 더불어 산 여자예요. 세상에 대한 꿈도 없고 그 어떤 사람보다도 죄를 안 만든 여자예요. 신장에 구두도 많지 않은 여자구요. 장롱에 비싸고 좋은 옷도 여러 벌 가지지 못한 여자예요. 한 남자의 아내로서 그림자로 살았고 두 아이의 엄마로서 울면서 기도하는 능력밖엔 없는 여자이지요. 자기 이름으로 꽃밭 한 평, 채전밭 한 귀퉁이 가지지 못한 여자예요. 남편 되는 사람이 운전조차 할 줄 모르는 쑥맥이라서 언제나 버스만 타고 다닌 여자예요. 돈을 아끼느라 꽤나 먼 시장 길도 걸어 다니고 싸구려 미장원에만 골라 다닌 여자예요. 너무 그러지 마시어요. 가난한 자의 기도를 잘 들어 응답해주시는 하나님, 저의 아내 되는 사람에게 너무 섭섭하게 그러지 마시어요.

 - 너무 그러지 마:시어요. 너무 섭써파게 그러지 마:시어요. 하나님, 저에게가 아니에요. 저의 아내 되는 여자에게 그러케 하지 마라 달라는 말:쓰미에요. 이 여자는 절머서부터 병:과 더부러 약꽈 더부러 산: 여자예요. 세:상에 대:한 꿈도 업:꼬 그 어떤 사:람보다도 죄:를 안 만든 여자예요. 신짱에 구두도 만:치 아는 여자구요. 장:롱에 비싸고 조:은 옫또 여러 벌 가지지 모:탄 여자예요. 한 남자의 아내로서 그:림자로 사랃꼬 두: 아이의 엄마로서 울:면서 기도하는 능녁빠껜 엄:는 여자이지요. 자기 이르므로 꼳빧 한 평, 채전밷 한 귀퉁이 가지지 모:탄 여자에요. 남편 되는 사:라미 운:전조차 할 줄 모:르는 쑹매기라서 언:제나 버스만 타고 다닌 여자예요. 도:늘 아끼느라 꽤나 먼: 시:장 길도 거러 다니고 싸구려 미:장워네만 골라 다닌 여자예요. 너무 그러지 마:시어요. 가난한 자의 기도를 잘 드러 응:다패주시는 하나님, 저의 아내 되는 사:라메게 너무 섭써파게 그러지 마:시어요.

## 87 함민복의 「눈물은 왜 짠가」

눈물은 왜 짠가 / 함민복

　지난 여름이었습니다 가세가 기울어 갈 곳이 없어진 어머니를 고향 이모님 댁에 모시다드릴 때의 일입니다 어머니는 차 시간도 있고 하니까 요기를 하고 가자시며 고깃국을 먹으러 가자고 하셨습니다 어머니는 한평생 중이염을 앓아 고기만 드시면 귀에서 고름이 나오곤 했습니다 그런 어머니가 나를 위해 고깃국을 먹으러 가자고 하시는 마음을 읽자 어머니 이마의 주름살이 더 깊게 보였습니다 설렁탕집에 들어가 물수건으로 이마에 흐르는 땀을 닦았습니다
　"더울 때일수록 고기를 먹어야 더위를 안 먹는다 고기를 먹어야 하는데…… 고깃국물이라도 되게 먹어둬라"
　설렁탕에 다대기를 풀어 한 댓 숟가락 국물을 떠먹었을 때였습니다 어머니가 주인 아저씨를 불렀습니다 주인 아저씨는 뭐 잘못된 게 있나 싶었던지 고개를 앞으로 빼고 의아해하며 다가왔습니다 어머니는 설렁탕에 소금을 너무 많이 풀어 짜서 그런다며 국물을 더 달라고 했습니다 주인 아저씨는 흔쾌히 국물을 더 갖다주었습니다 어머니는 주인 아

저씨가 안 보고 있다 싶어지자 내 투가리에 국물을 부어주셨습니다 나는 당황하여 주인 아저씨를 흘금거리며 국물을 더 받았습니다 주인 아저씨는 넌지시 우리 모자의 행동을 보고 애써 시선을 외면해주는 게 역력했습니다 나는 국물을 그만 따르시라고 내 투가리로 어머니 투가리를 툭, 부딪쳤습니다 순간 투가리가 부딪히며 내는 소리가 왜 그렇게 서럽게 들리던지 나는 울컥 치받치는 감정을 억제하려고 설렁탕에 만 밥과 깍두기를 마구 씹어댔습니다 그러자 주인 아저씨는 우리 모자가 미안한 마음 안 느끼게 조심, 다가와 성냥갑만 한 깍두기 한 접시를 놓고 돌아서는 거였습니다 일순, 나는 참고 있던 눈물을 찔끔 흘리고 말았습니다 나는 얼른 이마에 흐른 땀을 훔쳐내려 눈물을 땀인 양 만들어놓고 나서, 아주 천천히 물수건으로 눈동자에서 난 땀을 씻어냈습니다 그러면서 속으로 중얼거렸습니다

눈물은 왜 짠가

- 함민복 산문집『눈물은 왜 짠가』도서출판 이레, 2003년 2월, 49~50쪽.

## 원본 또는 정본 확인과정

함민복 산문집『눈물은 왜 짠가』도서출판 이레에서 원본 확인.

## 참고본 또는 이본

## 눈물은 왜 짠가 / 함민복

　지난 여름이었습니다 가세가 기울어 갈 곳이 없어진 어머니를 고향 이모님 댁에 모셔다 드릴 때의 일입니다 어머니는 차시간도 있고 하니까 요기를 하고 가자시며 고깃국을 먹으러 가자고 하셨습니다 어머니는 한평생 중이염을 앓아 고기만 드시면 귀에서 고름이 나오곤 했습니다 그런 어머니가 나를 위해 고깃국을 먹으러 가자고 하시는 마음을 읽자 어머니 이마의 주름살이 더 깊게 보였습니다 설렁탕집에 들어가 물수건으로 이마에 흐르는 땀을 닦았습니다

　"더울 때일수록 고기를 먹어야 더위를 안 먹는다 고기를 먹어야 하는데…… 고깃국물이라도 되게 먹어둬라"

　설렁탕에 다대기를 풀어 한 댓 순가락 국물을 떠먹었을 때였습니다 어머니가 주인 아저씨를 불렀습니다 주인 아저씨는 뭐 잘못된 게 있나 싶었던지 고개를 앞으로 빼고 의아해하며 다가왔습니다 어머니는 설렁탕에 소금을 너무 많이 풀어 짜서 그런다며 국물을 더 달라고 했습니다 주인 아저씨는 흔쾌히 국물을 더 갖다 주었습니다 어머니는 주인 아저씨가 안 보고 있다 싶어지자 내 투가리에 국물을 부어주셨습니다 나는 당황하여 주인 아저씨를 흘금거리며 국물을 더 받았습니다 주인 아저씨는 넌지시 우리 모자의 행동을 보고 애써 시선을 외면해주는 게 역력했습니다 나는 그만 국물을 따르시라고 내 투가리로 어머니 투가리

를 툭, 부딪쳤습니다 순간 투가리가 부딪히며 내는 소리가 왜 그렇게 서
럽게 들리던지 나는 울컥 치받치는 감정을 억제하려고 설렁탕에 만 밥
과 깍두기를 마구 씸어댔습니다 그러자 주인 아저씨는 우리 모자가 미
안한 마음 안 느끼게 조심, 다가와 성냥갑 만한 깍두기 한 접시를 놓고
돌아서는 거였습니다 일순, 나는 참고 있던 눈물을 찔끔 흘리고 말았습
니다 나는 얼른 이마에 흐른 땀을 훔쳐내려 눈물을 땀인 양 만들어놓고
나서, 아주 천천히 물수건으로 눈동자에서 난 땀을 씻어냈습니다 그러
면서 속으로 중얼거렸습니다

　눈물은 왜 짠가

- 함민복 시집(창비시선 156)『모든 경계에는 꽃이 핀다』도서출판 이레,
　1996년 10월 6일, 초판 1쇄 발행. 18~19쪽.
　2010년 5월 31일 초판 19쇄 발행.

## 시인소개

**함민복 시인**

출생 : 1962년 충북 충주시

데뷔 : 1988년 세계의 문학 '성선설' 등단

수상 : 2005년 김수영 문학상

학력 : 서울예술전문대학 문예창작과

저서 :『자본주의의 약속』,『우울氏의 一日』,『모든 경계에는 꽃이 핀다』

### 시의 이해

　이 작품은 1996년 '시'로 발표되었다가 2003년 '산문집'에 다시 수록되었다. 다시 수록이 되면서 몇 군데 수정과 띄어쓰기 등이 바뀌었다. 시로 발표가 되고 다시 수필로 수록을 하였으니 시로 인식하든 수필로 인식하든 상관이 없다. 그러나 수필에 가깝다. 가끔 수필을 낭독 또는 낭송하는 경우가 있는데 '낭송'을 한다고 다 '시'로 아는 분이 있다. 시와 산문의 경계가 무너진 지 오래되었다. '산문시'라는 분류가 다시 생겼으니 말이다.

〈법보신문 기사〉

　한 남자가 있습니다. 그는 공업고등학교를 졸업했고 원자력 발전소에서 잠깐 근무하기도 했지만 글을 쓰고 싶다는 생각에 직장을 그만두었습니다. 그리고 이후 그는 글 쓰는 일에 매진했습니다. 그의 아주 짧은 시 한 편을 소개하면 이렇습니다.

　글 쓰는 생활 결심한 시인
　가난한 시골 거친 삶 택해

　자식 배곯을까 걱정한 어머니
　"짜다"며 설렁탕 국물 더 얻어
　자식 투가리에 몰래 덜어줘

그 순간 기록한 시인의 글은
가난 각오한 소명의 결실
숭고한 길 가는 이 있기에
국물 짠 이유 비로소 알게 돼

'손가락이 열 개인 것은 어머님 배 속에서 몇 달 은혜 입나 기억하려는 태아의 노력 때문인지도 모릅니다.'

- '성선설' 전문 -

이렇게 짧은 시로 문단에 데뷔한 이후 시인은 강화도로 들어갑니다. 그곳에서 생활을 하면서, 오직 글을 쓰는 사람으로서 살아가기로 결심한 것입니다. '생활을 하면서'라는 말에는, 여느 보통 사람들과 다르지 않은 삶을 살아간다는 뜻입니다.

시를 위한다며 예술혼을 불태우는 게 아니라, 거친 노동도 하고, 이웃과 어울리며 살아가면서 세상을 자분자분 들여다보고 어느 순간 단어들이 뚜벅뚜벅 가슴에서 걸어 나오면 그걸 글자로 옮기는 그런 삶을 살기로 한 것입니다.

가난한 삶을 택한 결과 그의 작품에는 늘 생계의 비린내가 풍깁니다. 게다가 홀어머니를 모시지 못하는(못하는지 안하는지 잘 모르겠지만)

자신의 처지에 대한 안타까움과 어머니에 대한 애상이 배경으로 깔려 있습니다.

　시인의 홀어머니는 참 딱한 사정에 처해 있습니다. 젊어서부터 가난한 살림을 억척스레 돌보아왔지만, 지금 여럿 있는 자식들 중에 누구 하나 어머니를 모실만한 형편은 못 되는 것 같습니다. 게다가 그 어머니는 오랜 시간 중이염을 앓았던 터라 소리를 잘 듣지 못합니다. 이런 상황인 만큼 시인이 두 팔을 걷고 어머니를 모시겠다고 나설 수도 있었을 겁니다. 아니 나서야만 했습니다.

　하지만 막 시인의 삶을 시작한 그는 너무나 가난했습니다. 그리고 독자인 내 짐작으로는, 생계를 위한 밥벌이를 하지 않겠노라고 작정했기 때문에 그는 어머니를 모실 수가 없었습니다.

　어머니 쪽은 어떨까요? 어쩌면 아들이 제 앞가림을 해서 늘그막에 의지처가 되어주었으면 하는 바람도 있었을 것입니다. 하지만 어머니는 온통 아들 걱정뿐입니다. 이런 지경에서 나온 그의 산문이 바로 저 유명한 '눈물은 왜 짠가'입니다.

　어쩌면 이런 시인 아들을 두고서 '얼른 취직해서 어머니 모시고 효도할 일이지 무슨 싸구려 감상인가'라며 비난하는 사람도 있을 것입니다. 딴은 이런 비난이 맞을 수도 있습니다. 하지만 시인의 사명은 보통 사람들과는 좀 다른 방향을 향해 있는 게 틀림없습니다. 시인도 생계를 꾸려야만 합니다.

하지만 생계라는 일상에 자신을 묻어버리지 않고, 비탈진 언덕에서 비스듬하게 매달려 일상을 지켜보는 사람이 시인이라 생각합니다. 그런 관찰이 있기에 우리는 가난하고 귀가 먼 어머니의 자식사랑과, 서툰 속임수와, 보고도 못 본 척 속아 넘어가 주는 식당주인과, 깍두기 한 접시에 담긴 뜻과, 그리고 눈물이 짠 이유까지도 알게 되는 것이겠지요.

모두가 제 살기 바빠서 팔을 걷어붙이고 앞으로 달음박질쳐 나가는 요즈음, 누군가는 이 시인처럼 뒤로 물러서기도 해야 합니다. 우리의 치열한 몸부림에 인심과 인정은 힘없이 스러져가고 있습니다. 그런 인심과 인정을 다독이고 일으켜 세우는 일을 하는 사람도 있어야겠지요. 시인이 그와 같은 사람이요, 수행자도 그와 같은 사람이 아닐까요? 그러기 위해 가난을 자처한 사람들이기 때문입니다.

제 어머니에게 효도하지 못한다는 죄책감에 평생을 번민하면서도 자신이 선택한 그 길을 꿋꿋하게 걸어가는 사람입니다. 그의 걸음은 비틀거릴 테고, 그런 만큼 그 입에서 나온 말과 손끝에서 빚어낸 글은 처절할 수밖에 없습니다. 하지만 함부로 쏟아내지 않고 몸 안에서 어르고 달래다 쏟아낸 언어라서 아름다울 수밖에 없습니다. 그 아름다움에 우리는 잊었던 서정을 회복합니다.

— 법보신문 2014. 12. 17

## 장단음 연구

〈장음〉

왜:, 없:어진, 모:시다드릴, 일:입니다, 했:습니다, 되:게, 댓:, 빼:고, 많:이, 모:자의, 애:써, 시:선을, 외:면해주는, 내:는, 서:럽게, 감:정을, 모:자가, 천:천히, 속:으로.

## 된소리, 거센소리, 예사소리

〈된소리=경음화〉

여름이었습니다-여르미얻씀니다, 없어진-업:써진, 있고-읻꼬, 고깃국을-고기꾸글, 하셨습니다-하션씀니다, 했습니다-핻:씀니다, 읽자-익짜, 주름살이-주름싸리, 깊게-깁께, 보였습니다-보엳씀니다, 닦았습니다-다깓씀니다, 때일수록-때일쑤록, 고깃국물이라도-고긷꿍무리라도, 숟가락-숟까락, 때였습니다-때연씀니다, 불렀습니다-불럳씀니다, 잘못된 게-잘몯된 게, 싫었던지-시런떤지, 다가왔습니다-다가왇씀니다, 갔다주었습니다-갇따주얻씀니다, 있다-읻따, 주셨습니다-주션씀니다, 받았습니다-바닫씀니다, 역력했습니다-영녀캗씀니다, 부딪쳤습니다-부딛쳗씀니다, 서럽게-서:럽께, 억제하려고-억쩨하려고, 밥과-밥꽈, 깍두기-깍뚜기, 씹어댔습니다-씨버댇씀니다, 성냥갑만 한-성냥깝만 한, 접시-접씨, 거였습니다-거엳씀니다, 일순-일쑨, 참고 있던-참꼬 읻떤, 말았습니다-마랃씀니다, 눈동자-눈똥자, 씻어냈습니다-씨서낻씀니다, 중얼거렸습니다-중얼거럳씀니다.

〈거센소리=격음화〉

역력했습니다-영녀캢씀니다, 부딪히며-부디치며, 그렇게-그러케, 놓고-노코, 만들어놓고-만드러노코.

### 조사 '의'의 발음

어머니 이마의 주름살이 더 깊게 보였습니다

우리 모자의 행동을 보고 애써 시선을 외면해주는 게 역력했습니다

### 띄어읽기와 끊어읽기

이 작품은 시가 아니라 산문으로 된 수필이다. 그러므로 시행이 없기 때문에 문장을 잘 분석하여 다음과 같이 띄어 읽는다.

1) 어두와 주어와 목적어.
2) 강조하고 싶은 단어.
3) 문장과 문장 사이.
4) '6하원칙'으로 된 문장. -언제, 어디서, 누가, 무엇을, 어떻게, 왜.
5) 문장의 내용이 같은 것은 연결되는 느낌으로 낭송하고, 내용이 다른 문장은 음의 톤을 다르게 낭송한다.

### 중요 낱말 및 시어 시구 풀이

다대기 : [일본어] 양념의 하나. 끓는 간장이나 소금물에 마늘, 생강 따위를 다져 넣고 고춧가루를 뿌려 끓인 다음, 기름을 쳐서 볶은 것으로, 얼큰한 맛을 내는 데 쓴다.

투가리 : '뚝배기'의 방언(강원, 경북, 전라, 충청)

모시다 : 1. 어떠한 곳으로 데리고 가거나 데리고 오다.
        2. 함께 있거나 가까이 있으면서 잘 받들다.
모셔다드리다 : '데려다주다'의 높임말.

## 낭송의 실제

### 눈물은 왜 짠가 / 함민복
- 눈무른 왜: 짠가 / 시 함민복. 낭:송 ○○○.

  지난 여름이었습니다 가세가 기울어 갈 곳이 없어진 어머니를 고향 이모님 댁에 모시다드릴 때의 일입니다 어머니는 차 시간도 있고 하니까 요기를 하고 가자시며 고깃국을 먹으러 가자고 하셨습니다 어머니는 한평생 중이염을 앓아 고기만 드시면 귀에서 고름이 나오곤 했습니다 그런 어머니가 나를 위해 고깃국을 먹으러 가자고 하시는 마음을 읽자 어머니 이마의 주름살이 더 깊게 보였습니다 설렁탕집에 들어가 물수건으로 이마에 흐르는 땀을 닦았습니다

  - 지난 여르미얻씀니다 가세가 기우러 갈 고시(갈꼬시) 업:써진 어머니를 고향 이모님 대게 모:시다드릴 때의 이:립니다 어머니는 차 시간도 읻꼬 하니까 요기를 하고 가자시며 고기꾸글 머그러 가자고 하셛씀니다 어머니는 한평생 중이여믈 아라 고기만 드시면 귀에

서 고르미 나오곤 핻:씀니다 그런 어머니가 나를 위해 고기꾸글 머그러 가자고 하시는 마으를 익짜 어머니 이마의 주름싸리 더 깁께 보엳씀니다 설렁탕지베 드러가 물수거느로 이마에 흐르는 따믈 다 깓씀니다

"더울 때일수록 고기를 먹어야 더위를 안 먹는다 고기를 먹어야 하는데…… 고깃국물이라도 되게 먹어둬라"

— "더울 때일쑤록 고기를 머거야 더위를 안 멍는다 고기를 머거야 하는데…… 고긷꿍무리라도 되(뒈):게 머거둬라"

설렁탕에 다대기를 풀어 한 댓 순가락 국물을 떠먹었을 때였습니다 어머니가 주인 아저씨를 불렀습니다 주인 아저씨는 뭐 잘못된 게 있나 싶었던지 고개를 앞으로 빼고 의아해하며 다가왔습니다 어머니는 설렁탕에 소금을 너무 많이 풀어 짜서 그런다며 국물을 더 달라고 했습니다 주인 아저씨는 흔쾌히 국물을 더 갖다주었습니다 어머니는 주인 아저씨가 안 보고 있다 싶어지자 내 투가리에 국물을 부어주셨습니다 나는 당황하여 주인 아저씨를 흘금거리며 국물을 더 받았습니다 주인 아저씨는 넌지시 우리 모자의 행동을 보고 애써 시선을 외면해주는 게 역력했습니다 나는 국물을 그만 따르시라고 내 투가리로 어머니 투가리를 툭, 부딪쳤습니다 순간 투가리가 부딪히며 내는 소리가 왜 그렇게 서럽게 들리던지 나는 울컥 치받치는 감정을 억제하려고 설렁탕에 만 밥과 깍두기를 마구 씹어댔습니다 그러자 주인 아저씨는 우리 모자가 미안한 마음 안 느끼게 조심, 다가와 성냥갑만 한 깍두기 한 접시를 놓고 돌아서는 거였습니다 일순, 나는 참고 있던 눈물을 찔끔 흘리고 말았습

니다 나는 얼른 이마에 흐른 땀을 훔쳐내려 눈물을 땀인 양 만들어놓고 나서, 아주 천천히 물수건으로 눈동자에서 난 땀을 씻어냈습니다 그러면서 속으로 중얼거렸습니다

　눈물은 왜 짠가

　- 설렁탕에 다대기를 푸러 한 댈: 숟까락 궁무를 떠머거쓸 때옅씀니다 어머니가 주인 아저씨를 불럳씀니다 주인 아저씨는 뭐 잘몯된(뒌) 게 인나 시펃떤지 고개를 아프로 빼:고 의아하며 다가왇씀니다 어머니는 설렁탕에 소그믈 너무 마:니 푸러 짜서 그런다며 궁무를 더 달라고 핻:씀니다 주인 아저씨는 흔쾌히 궁무를 더 갇따주엳씀니다 어머니는 주인 아저씨가 안 보고 읻따 시퍼지자 내 투가리에 궁무를 부어주셛씀니다 나는 당황하여 주인 아저씨를 흘금거리며 궁무를 더 바닫씀니다 주인 아저씨는 넌지시 우리 모:자의 행동을 보고 애:써 시:서늘 외(웨):면해주는 게 영녀캗씀니다 나는 궁무를 그만 따르시라고 내 투가리로 어머니 투가리를 툭, 부딛쳗씀니다 순간 투가리가 부디치며 내:는 소리가 왜: 그러케 서:럽께 들리던지 나는 울컥 치받치는 감:정을 억쩨하려고 설렁탕에 만 밥꽈 깍뚜기를 마구 씨버댇씀니다 그러자 주인 아저씨는 우리 모:자가 미안한 마음 안 느끼게 조심, 다가와 성냥깝만 한 깍뚜기 한 접씨를 노코 도라서는 거엳씀니다 일쑨, 나는 참꼬 읻떤 눈무를 찔끔 흘리고 마랃씀니다 나는 얼른 이마에 흐른 따믈 훔처내려 눈무를 따민 양 만드러노코 나서, 아주 천:천히 물쑤거느로 눈똥자에서 난 따믈 씨서낻씀니다 그러면서 소:그로 중얼거렫씀니다

　눈무른 왜: 짠가

## 88 피재현의 「밀당」

밀당 / 피재현

오늘 내가 안 가면 엄마는 환장할 것이다
날 이런 데 버려 놓고 와 보지도 않는다고
나는 고만 죽을란다고 내 죽으면 다 편할 일이니
수면제 탁 털어 넣고 죽어불란다고
온 병실 귀먹은 할망구한테도 다 들리게 소리칠것이다
그럼 한 할망구가 나서서 여보소 김천댁,
아들도 먹고 살아야지 어예 맨날 들따보니껴
나랑 민화투나 한 판 하시더
하면서 엄마를 달랠 것이다
어떤 할망구는 고만 혼자 놀아도 되겠구만 또 저런다
지청구를 할 것이다 이런 참에 내가 나타나면
엄마는 언제 그랬냐는 듯 바쁜데 멀라꼬 왔노,
고만 가라, 가라 할 것이다 그러면서도
허리며 다리며 아픈 곳을 주워섬기며

에구구구 죽는소리를 할 것이다
그럼 내가 바쁘다고 엄마 보러 안 오나? 하면서
짐짓 효자인 척 엄마 위세를 좀 세워 준 다음
어깨를 주무르며 내일부터는 내가 정말 바빠서
한 며칠 못 온다, 혼자 좀 있어라 하면
엄마는 또 하는 수 없다는 듯 고개를 외로 꼬고
괜찮다 일 봐라 돈 벌어야 먹고살지
일 봐라 할 것이다 나는 내일 저녁 무렵에나
몰래 와서 엄마가 뭐 하고 노시나 빼꼼히 들여다봐야겠다
고만고만한 것 같으면 그냥 돌아가야겠다
엄마가 너무 시무룩하여 엄마 없는 아이처럼 가여우면
'짠' 하고 나타나 병실에 복숭아 통조림 한 통씩 돌리고
엄마 위세나 세워 줘야겠다
그러면 엄마는 또 달짝지근한 복숭아 향에 취해
한 며칠 덜 아프게 살아질 것이다

- 피재현 시집, 『원더우먼 윤채선』(걷는사람, 2020년) 14~15쪽.


## 원본 또는 정본 확인과정

피재현 시집, 『원더우먼 윤채선』(걷는사람, 2020년)에서 원본 확인.

## 참고본 또는 이본

'참고본 또는 이본' 생략.

## 시인소개

**피재현 시인**

출생 : 1967년 경북 안동.

데뷔 : 1999년 계간『사람의 문학』으로 등단.

저서 :『우는 시간』,『원더우먼 윤채선』

## 시의 이해

  어느 때부터인가 부모를 봉양하는 것이 큰 부담으로 느껴지는 시대가 되었다. 아니, 부모를 모시는 일이 아니라 자식에게 늙은 노후를 맡겨야 하는 부모들이 큰 부담을 느끼는 시대가 되었다. 집이 아닌 병원이나 요양원에서 돌봄을 대신하는 시대에는 부모를 찾아보는 일도 효도의 측도로 취급되는 시대, '엄마가 너무 시무룩하여 엄마 없는 아이처럼 가여우면,' '짠'하고 한 번 찾아보는 시대에 사는 우리는 참 불쌍하다.

## 장단음 연구

〈장음〉

환:장할, 다:, 일:이니, 온:, 병:실, 맨:날, 참:에, 언:제, 효:자인, 못:, 없:다는, 외:로, 꼬:고, 일:, 봐:라, 몰:래, 뭐:, 노:시나, 없:는, 가:여우면, 병:실에, 줘:야겠다, 취:해, 덜:.

### 된소리, 거센소리, 예사소리

〈된소리=경음화〉

밀당-밀땅, 죽어불란다고-주거뿔란다고, 것이다-거(꺼)시다, 김천댁-김천땍, 먹고-먹꼬, 되겠구만-되겔꾸만, 없다는-업:따는, 먹고살지-먹꼬살지, 들여다봐야겠다-드려다봐야겔따, 돌아가야겠다-도라가야겔따, 줘야겠다-줘:야겔따, 달싹지근한-달싹찌근한.

〈거센소리=격음화〉

놓고-노코, 넣고-너코, 괜찮다-괜찬타, 시무룩하여-시무루카여.

### 조사 '의'의 발음

없다.

### 띄어읽기와 끊어읽기

　설명문과 대화체로 이루어진 작품이다. '대화체'의 문장을 잘 소화하면 훌륭한 낭송이 될 것이다.

### 중요 낱말 및 시어 시구 풀이

지청구 : 아랫사람의 잘못을 꾸짖는 말.

## 낭송의 실제

### 밀당 / 피재현

- 밀땅 / 시 피재현. 낭:송 ○○○.

　오늘 내가 안 가면 엄마는 환장할 것이다
　- 오늘 내가 안 가면 엄마는 환:장할 거시다(꺼시다)
　날 이런 데 버려 놓고 와 보지도 않는다고
　- 날 이런 데 버려 노코 와 보지도 안는다고
　나는 고만 죽을란다고 내 죽으면 다 편할 일이니
　- 나는 고만 주글란다고 내 주그면 다: 편할 이:리니
　수면제 탁 털어 넣고 죽어불란다고
　- 수면제 탁 터러 너코 주거뿔란다고
　온 병실 귀먹은 할방구한데도 나 들리게 소리칠 것이다
　- 온: 병:실 귀머근 할망구한테도 다: 들리게 소리칠 거시다(꺼시다)
　그럼 한 할망구가 나서서 여보소 김천댁,
　- 그럼 한 할망구가 나서서 여보소 김천땍,
　아들도 먹고 살아야지 어예 맨날 들따보니껴
　- 아들도 먹꼬 사라야지 어예 맨:날 들따보니껴
　나랑 민화투나 한 판 하시더
　- 나랑 민화투나 한 판 하시더

하면서 엄마를 달랠 것이다

- 하면서 엄마를 달랠 거시다(꺼시다)

어떤 할망구는 고만 혼자 놀아도 되겠구만 또 저런다

- 어떤 할망구는 고만 혼자 노라도 되겐꾸만 또 저런다

지청구를 할 것이다 이런 참에 내가 나타나면

- 지청구를 할 거시다(꺼시다) 이런 차ː메 내가 나타나면

엄마는 언제 그랬냐는 듯 바쁜데 멀라꼬 왔노,

- 엄마는 언ː제 그랜냐는 듣 바쁜데 멀라꼬 완노,

고만 가라, 가라 할 것이다 그러면서도

- 고만 가라, 가라 할 거시다(꺼시다) 그러면서도

허리며 다리며 아픈 곳을 주워섬기며

- 허리며 다리며 아픈 고슬 주워섬기며

에구구구 죽는소리를 할 것이다

- 에구구구 중는소리를 할 거시다(꺼시다)

그럼 내가 바쁘다고 엄마 보러 안 오나? 하면서

- 그럼 내가 바쁘다고 엄마 보러 안 오나? 하면서

짐짓 효자인 척 엄마 위세를 좀 세워 준 다음

- 짐짇 효ː자인 척 엄마 위세를 좀 세워 준 다음

어깨를 주무르며 내일부터는 내가 정말 바빠서

- 어깨를 주무르며 내일부터는 내가 정말 바빠서

한 며칠 못 온다, 혼자 좀 있어라 하면

- 한 며칠 몯ː 온다, 혼자 좀 이써라 하면

엄마는 또 하는 수 없다는 듯 고개를 외로 꼬고

- 엄마는 또 하는 수(쑤) 업:따는 듣 고개를 외(웨):로 꼬:고

괜찮다 일 봐라 돈 벌어야 먹고살지

- 괜찬타 일: 봐:라 돈 버러야 먹꼬살지

일 봐라 할 것이다 나는 내일 저녁 무렵에나

- 일: 봐:라 할 거시다(꺼시다) 나는 내일 저녁 무려베나

몰래 와서 엄마가 뭐 하고 노시나 빼꼼히 들여다봐야겠다

- 몰:래 와서 엄마가 뭐: 하고 노:시나 빼꼼히 드려다봐야겓따

고만한 것 같으면 그냥 돌아가야겠다

- 고만한 걷 가트면 그냥 도라가야겓따

엄마가 너무 시무룩하여 엄마 없는 아이처럼 가여우면

- 엄마가 너무 시무루카여 엄마 엄:는 아이처럼 가:여우면

'짠' 하고 나타나 병실에 복숭아 통조림 한 통씩 돌리고

- '짠' 하고 나타나 병:시레 복쑹아 통조림 한 통씩 돌리고

엄마 위세나 세워 줘야겠다

- 엄마 위세나 세워 줘:야겓따

그러면 엄마는 또 달짝지근한 복숭아 향에 취해

- 그러면 엄마는 또 달짝찌근한 복쑹아 향에 취:해

한 며칠 덜 아프게 살아질 것이다

- 한 며칠 덜: 아프게 사라질 거시다(꺼시다)

## 89  김재진의 「토닥토닥」

**토닥토닥** / 김재진

나는 너를 토닥거리고
너는 나를 토닥거린다.
삶이 자꾸 아프다고 말하고
너는 자꾸 괜찮다고 말한다.
바람이 불어도 괜찮다.
혼자 있어도 괜찮다.
너는 자꾸 토닥거린다.
나도 자꾸 토닥거린다.
다 지나간다고 다 지나갈 거라고
토닥거리다가 잠든다.

- 시집 『삶이 자꾸 아프다고 말할 때』 (시와, 2012년). 37쪽.

## 원본 또는 정본 확인과정

시집 『삶이 자꾸 아프다고 말할 때』에서 원본 발췌.

## 참고본 또는 이본

'참고본 또는 이본' 생략.

## 시인소개

**김재진 시인. 소설가**

출생 : 1955년 3월 22일 대구.

학력 : 계명대학교 졸업.

대뷔 : 1976년 영남일보 신춘문예 「외로운 식물의 꿈」 등단

경력 : 방송 피디, 인터넷 방송 '유나' 대표 〈가슴에 남는 음악〉 진행.

## 시의 이해

의태어인 '토닥토닥'은 누군가를 달래거나 격려할 때 하는 행동이다. 특히 어린아이를 달랠 때는 더욱 그렇다.

우리 모두 '나는 너를', '너는 나를' 토닥이며 살 일이다.

## 장단음 연구

〈장음〉

삶:이, 말:하고, 말:한다, 다:.

### 된소리, 거센소리, 예사소리

〈된소리=경음화〉

토닥거리고-토닥꺼리고, 토닥거린다-토닥꺼린다, 거라고-꺼라고, 토닥거리다가-토닥꺼리다가.

〈거센소리=격음화〉

괜찮다고-괜찬타고, 괜찮다-괜찬타.

### 조사 '의'의 발음

없음.

### 띄어읽기와 끊어읽기

시행대로 낭송하면 된다.

### 중요 낱말 및 시어 시구 풀이

이해가 어려운 시어나 문구가 없다.

### 낭송의 실제

**토닥토닥** / 김재진

- 토닥 토닥 / 시 김재진. 낭:송 ○○○.


나는 너를 토닥거리고

- 나는 너를 토닥꺼리고

너는 나를 토닥거린다.

- 너는 나를 토닥꺼린다.

삶이 자꾸 아프다고 말하고

- 살ː미 자꾸 아프다고 말ː하고

너는 자꾸 괜찮다고 말한다.

- 너는 자꾸 괜찬타고 말ː한다.

바람이 불어도 괜찮다.

- 바라미 부러도 괜찬타.

혼자 있어도 괜찮다.

- 혼자 이써도 괜찬타.

너는 자꾸 토닥거린다.

- 너는 자꾸 토닥꺼린다.

나도 자꾸 토닥거린다.

- 나도 자꾸 토닥꺼린다.

다 지나간다고 다 지나갈 거라고

- 다ː 지나간다고 다ː 지나갈 꺼라고

토닥거리다가 잠든다.

- 토닥꺼리다가 잠든다.

# 90 정호승의 「수선화에게」

## 수선화에게 / 정호승

울지 마라
외로우니까 사람이다
살아간다는 것은 외로움을 견디는 일이다
공연히 오지 않는 전화를 기다리지 마라
눈이 오면 눈길을 걸어가고
비가 오면 빗길을 걸어가라
갈대숲에서 가슴검은도요새도 너를 보고 있다
가끔은 하느님도 외로워서 눈물을 흘리신다
새들이 나뭇가지에 앉아 있는 것도 외로움 때문이고
네가 물가에 앉아 있는 것도 외로움 때문이다
산그림자도 외로워서 하루에 한 번씩 마을로 내려온다
종소리도 외로워서 울려퍼진다

- 정호승 시집 『외로우니까 사람이다』 (열림원, 개정판 2015) 38쪽.
- 정호승 시선집 『내가 사랑하는 사람』 (열림원, 개정판 2010) 106쪽.

### 원본 또는 정본 확인과정

정호승 시집 『외로우니까 사람이다』 (열림원, 개정판 2015) 38쪽.

### 참고본 또는 이본

'참고본 또는 이본' 생략.

### 시인소개

**정호승 시인**

출생 : 1950년 대구.

데뷔 : 1972년 한국일보 신춘문예에 동시 「석굴암을 오르는 영희」
 1973년 대한일보 신춘문예에 시 「첨성대」 등단.

학력 : 경희대학교 대학원 국문학 석사, 경희대학교 국문학과 졸업

수상 : 소월시문학상, 동서문학상, 정지용문학상, 편운문학상, 가톨릭문학상.

### 시의 이해

'울지 마라 / 외로우니까 사람이다 / 살아간다는 것은 외로움을 견디는 일이다'

이 세 마디면 더 이상 설명이 필요 없는 시이다.

### 장단음 연구

〈장음〉

울:지, 마:라, 사:람이다, 일:이다, 전:화를, 눈:이, 눈:길을, 새:들이.

### 된소리, 거센소리, 예사소리
〈된소리=경음화〉
눈길을-눈:끼를, 빗길을-비끼를, 갈대숲에서-갈때수페서, 있다-읻따, 나뭇가지에-나무(묻)까지에, 것도-걷또, 물가에-물까에, 종소리도-종쏘리도.
〈거센소리=격음화〉
거센소리로 변환되는 문구나 단어가 없다.

### 조사 '의'의 발음
없음.

### 띄어읽기와 끊어읽기
문맥에 맞게 띄어 읽거나 끊어 읽으면 된다.

### 중요 낱말 및 시어 시구 풀이
어려운 시어나 문구가 없다.

## 낭송의 실제

### 수선화에게 / 정호승
- 수선화에게 / 시, 정호승. 낭:송, ○○○.

울지 마라
- 울:지 마:라

외로우니까 사람이다
- 외로우니까 사:라미다

살아간다는 것은 외로움을 견디는 일이다
- 사라간다는 거슨 외로우믈 견디는 이:리다

공연히 오지 않는 전화를 기다리지 마라
- 공연히 오지 안는 전:화를 기다리지 마:라

눈이 오면 눈길을 걸어가고
- 누:니 오면 눈:끼를 거러가고

비가 오면 빗길을 걸어가라
- 비가 오면 비끼를 거러가라

갈대숲에서 가슴검은도요새도 너를 보고 있다
- 갈때수페서 가슴거믄도요새도 너를 보고 읻따

가끔은 하느님도 외로워서 눈물을 흘리신다
- 가끄믄 하느님도 외로워서 눈무를 흘리신다

새들이 나뭇가지에 앉아 있는 것도 외로움 때문이고

- 새:드리 나무(운)까지에 안자 인는 걷또 외로움 때무니고
네가 물가에 앉아 있는 것도 외로움 때문이다
- 네가 물까에 안자 인는 걷또 외로움 때무니다
산그림자도 외로워서 하루에 한 번씩 마을로 내려온다
- 산그림자도 외로워서 하루에 한 번씩 마을로 내려온다
종소리도 외로워서 울려퍼진다
- 종쏘리도 외로워서 울려퍼진다

## 91 도종환의 「담쟁이」

**담쟁이** / 도종환

저것은 벽
어쩔 수 없는 벽이라고 우리가 느낄 때
그때
담쟁이는 말없이 그 벽을 오른다
물 한 방울 없고 씨앗 한 톨 살아남을 수 없는
저것은 절망의 벽이라고 말할 때
담쟁이는 서두르지 않고 앞으로 나아간다
한 뼘이라도 꼭 여럿이 함께 손을 잡고 올라간다
푸르게 절망을 다 덮을 때까지
바로 그 절망을 잡고 놓지 않는다
저것은 넘을 수 없는 벽이라고 고개를 떨구고 있을 때
담쟁이 잎 하나는 담쟁이 잎 수천 개를 이끌고
결국 그 벽을 넘는다.

- 도종환 시집.『흔들리지 않고 피는 꽃이 어디 있으랴』. 알에이치코리아. 2014년. 2판 1쇄 발행. 22쪽.

### 원본 또는 정본 확인과정
　이 시는 원본이 실린 시집이 '담쟁이'를 비롯하여 여럿 있으나 그 중『흔들리지 않고 피는 꽃이 어디 있으랴』에서 발췌하였다.

### 참고본 또는 이본
　이 시는 이본이 많이 출간되었으나 원본의 훼손이 되지 않아 비교적 안정되게 낭송할 수 있다. 인터넷상에 올라오는 행을 무시하거나 띄어쓰기가 엉망인 것을 베끼지만 않으면 된다.

### 시인소개
**도종환 국회의원, 전 장관**
출생 : 1955년 9월 27일, 충북 청주시
소속 : 더불어민주당
지역구 : 충북 청주시 흥덕구
학력 : 충남대학교 대학원 졸업(문학박사)
데뷔 : 1984년 동인지 '고두미 마을에서' 등단

## 시의 이해

시인으로 출발하여 정치인으로 많이 알려진 시인이다. 담쟁이의 강인한 모습을 고난을 뚫고 전진하는 정치인 또는 개척자의 이미지로 그려내었다. 물 한 방울 없는 메마른 벽을 혼자가 아니라 여럿이기에 함께 손을 잡고 오르는 담쟁이의 모습에서 우리는 절망을 딛고 일어설 수 있는 용기를 배워야 한다. 벽은 언제나 넘을 수 있다.

## 발음 연구

넘을 : 어원 '넘:다'는 장음이지만 활용형 '넘으니'는 단음이다.

## 장단음 연구

〈장음〉
없:는, 말:없이, 없:고, 말:할, 뻠:이라도, 다:, 수:천, 넘:는다.
〈단음〉
절망,

## 된소리, 거센소리, 예사소리

〈된소리=경음화〉
어쩔 수-어쩔 수(쑤), 말없이-마:럽씨, 없고-업:꼬, 살아남을 수-사라나믈 수(쑤), 잡고-잡꼬, 넘을 수-너믈 수(쑤).
〈거센소리=격음화〉
않고-안코, 놓지-노치.

### 조사 '의'의 발음

조사 '의'가 단 하나도 없다. 조사 '의'가 없는 시는 담백하게 낭송하기에 좋다.

### 띄어읽기와 끊어읽기

어쩔 수 없는 벽이라고/ 우리가 느낄 때
담쟁이는/ 말없이 그 벽을 오른다
저것은/ 넘을 수 없는 벽이라고/ 고개를 떨구고 있을 때

### 인터넷상의 오류들

이 시를 행을 나누어 게재한 곳이 많다. 띄어쓰기도 제대로 된 곳이 별로 없다. 시낭송을 하는 분들은 절대 원본의 시집에서 발췌한 것이 아니면 낭송하지 말기를 바란다.

### 중요 낱말 및 시어 시구 풀이

비교적 쉬운 언어로 된 문장이라 언급할 시어나 시구가 없다.

## 낭송의 실제

### 담쟁이 / 도종환

- 담쟁이 / 시 도종환. 낭:송 ○○○.

저것은 벽
- 저거슨 벽

어쩔 수 없는 벽이라고 우리가 느낄 때
- 어쩔 수(쑤) 엄:는 벼기라고 우리가 느낄 때

그때
- 그때

담쟁이는 말없이 그 벽을 오른다
- 담쟁이는 마:럽씨 그 벼글 오른다

물 한 방울 없고 씨앗 한 톨 살아남을 수 없는
- 물 한 방울 업:꼬 씨앋 한 톨 사라나믈 수(쑤) 엄:는

저것은 절망의 벽이라고 말할 때
- 저거슨 절망의(에) 벼기라고 말:할 때

담쟁이는 서두르지 않고 앞으로 나아간다
- 담쟁이는 서두러지 안코 아프로 나아간다

한 뼘이라도 꼭 여럿이 함께 손을 잡고 올라간다
- 한 뼈:미라도 꼭 여러시 함께 소늘 잡꼬 올라간다

푸르게 절망을 다 덮을 때까지

- 푸르게 절망을 다: 더플 때까지

바로 그 절망을 잡고 놓지 않는다

- 바로 그 절망을 잡꼬 노치 안는다

저것은 넘을 수 없는 벽이라고 고개를 떨구고 있을 때

- 저거슨 너믈 수(쑤) 엄:는 벼기라고 고개를 떨구고 이쓸 때

담쟁이 잎 하나는 담쟁이 잎 수천 개를 이끌고

- 담쟁이 입 하나는 담쟁이 입 수:천 개를 이끌고

결국 그 벽을 넘는다.

- 결국 그 벼글 넘:는다.

## 92  문병란의 「바다가 내게」

**바다가 내게** / 문병란

내 생의 고독한 정오正午에
세 번째 절망을 만났을 때
나는 남몰래 바닷가에 갔다.

아무도 없는 겨울의 빈 바닷가
머리 풀고 흐느껴 우는
안타까운 파도의 울음소리
인간은 왜 비루하고 외로운 것인가.

사랑하는 사람을 울려야 하고
마침내 못 다 채운 가슴을 안고
우리는 서로 왜 헤어져야 하는가.

작은 몸뚱이 하나 감출 수 없는

어느 절벽 끝에 서면
인간은 외로운 고아孤兒,
바다는 모로 누워
잠들지 못하는 가슴을 안고 한밤 내 운다.

너를 울린 곡절도, 사랑의 업보도
한 데 섞어 눈물지으면
만남의 기쁨도
이별의 아픔도
허~허 몰아쳐 웃어 버리는 바다.

사랑은 고도에 깜박이는 등불로
조용히 흔들리다
조개껍질 속에 고이는
한 줌 노을 같은 종언인가.

몸뚱이보다 무거운 절망을 안고
어느 절벽 끝에 서면
내 가슴 벽에 몰아와
허옇게 부서져 가는 파돗소리…….

사랑하라 사랑하라

아직은 더욱 뜨겁게 포옹하라

바다는 내게 속삭이며

마지막 구석까지 채우고 싶어

출렁이며 출렁이며 밀려오고 있었다.

- 문병란 시선집 『장난감이 없는 아이들』 (인간과 문학사. 2015년 4월) 94~96쪽.

## 원본 또는 정본 확인과정

문병란의 시선집 『장난감이 없는 아이들』에서 원본 발췌.

## 참고본 또는 이본

이 시는 몇 권의 시집에 수록한 적 있으나 띄어쓰기 외의 별다른 부분이 없어서 이본은 생략한다.

## 시인소개

**문병란 시인**

출생 : 1935. 3. 28. 전라남도 화순

사망 : 2015. 9. 25.

학력 : 조선대학교 국문학 학사

수상 : 2010년 낙동강문학상

　　　2009년 제1회 박인환 시문학상

　　　2000년 제1회 광주광역시 문화예술상

경력 : 민주교육실천협의회 국민운동본부 대표

　　　　민족문학작가회의 이사

## 시의 이해

　힘들고 위로받고 싶으면 우리는 바다를 찾는다. 왜일까? 넓고 깊은 바다는 파도라는 목소리를 가지고 큰소리를 치거나 밀려들고 밀려 나가지만 절대 누구에게 들은 이야기라도 발설하지 않으며 어떤 고백이나 원망도 슬픔도 기쁨도 다 수용하고 받아준다. 그래서 우리는 위로받고 싶으면 바다로 간다. 그리고 스스로가 스스로에게 답을 주고 위로받고 그것이 바다가 일러준 것이라 믿는다. 아니 그렇게 믿고 싶고 믿어야 한다.

## 발음 연구

울려야 : 어원 '울:다'는 장음이지만 활용형 '울려'는 단음이다.

누워 : 어원 '눕:다'는 장음이지만 활용형 '누워'는 단음이다.

몰아와 : 어원 '몰:다'는 장음이지만 활용형 '몰아'는 단음이다.

## 장단음 연구

〈장음〉

정:오正午에, 세: 번째, 빈:, 우:는, 아:무도, 왜:, 비:루하고, 사:람을, 못:, 다:, 안:고, 작:은, 없:는, 모:로, 못:하는, 내:, 운:다, 이:별의, 웃:어, 속:에, 줌:, 허:옇게, 포:옹하라.

### 된소리, 거센소리, 예사소리

〈된소리=경음화〉

바닷가에-바다까에, 갔다-갇따, 울음소리-우름쏘리, 안고-안 : 꼬, 곡절도-곡쩔도, 업보도-업뽀도, 등불로-등뿔로, 조개껍질-조개껍찔, 파돗소리-파도쏘리, 뜨겁게-뜨겁께, 속삭이며-속싸기며. 있었다-이썬따.

〈거센소리=격음화〉

고독한-고도칸, 못하는-모 : 타는, 허옇게-허 : 여케.

### 조사 '의'의 발음

'내 생의 고독한 정오正午에'

'아무도 없는 겨울의 빈 바닷가'

'안타까운 파도의 울음소리'

'너를 울린 곡절도, 사랑의 업보도'

'만남의 기쁨도'

이 시에 사용된 조사 '의'는 '의'와 '에'가 한 행에 같이 사용된 곳도 있어 '의'로 발음하는 좋다.

### 띄어읽기와 끊어읽기

'잠들지 못하는 가슴을 안고/ 한밤 내/ 운다.'

## 중요 낱말 및 시어 시구 풀이

종언終焉 : 1. 없어지거나 죽어서 존재가 사라짐.
　　　　 2. 계속하던 일이 끝장이 남.

## 낭송의 실제

### 바다가 내게 / 문병란

- 바다가 내게 / 시 문병란. 낭ː송 ○○○.

내 생의 고독한 정오正午에
- 내 생의(에) 고도칸 정ː오에

세 번째 절망을 만났을 때
- 세ː 번째 절망을 만나쓸 때

나는 남몰래 바닷가에 갔다.
- 나는 남몰래 바다까에 갇따.

아무도 없는 겨울의 빈 바닷가
- 아ː무도 엄ː는 겨우리(레) 빈ː 바다까

머리 풀고 흐느껴 우는
- 머리 풀고 흐느껴 우ː는

안타까운 파도의 울음소리
- 안타까운 파도의(에) 우름쏘리

인간은 왜 비루하고 외로운 것인가.
- 인가는 왜ː 비ː루하고 외로운 거신가.

사랑하는 사람을 울려야 하고
- 사랑하는 사ː라믈 울려야 하고
마침내 못 다 채운 가슴을 안고
- 마침내 몯ː 다ː 채운 가스믈 안ː꼬
우리는 서로 왜 헤어져야 하는가.
- 우리는 서로 왜ː 헤어저야 하는가.

작은 몸뚱이 하나 감출 수 없는
- 자ː근 몸뚱이 하나 감출 수(쑤) 엄ː는
어느 절벽 끝에 서면
- 어느 절벽 끄테 서면
인간은 외로운 고아孤兒,
- 인가는 외로운 고아,
바다는 모로 누워
- 바다는 모ː로 누워
잠들지 못하는 가슴을 안고 한밤 내 운다.
- 잠들지 모ː타는 가스믈 안ː꼬 한밤 내ː 운ː다.

너를 울린 곡절도, 사랑의 업보도

- 너를 울린 곡쩔도, 사랑의(에) 업뽀도

한 데 섞어 눈물지으면

- 한 데 서껴 눈물지으면

만남의 기쁨도

- 만나믜(메) 기쁨도

이별의 아픔도

- 이ː벼리(레) 아픔도

허~허 몰아쳐 웃어 버리는 바다.

- 허~허 모라처 우ː서 버리는 바다.


사랑은 고도에 깜박이는 등불로

- 사랑은 고도에 깜바기는 등뿔로

조용히 흔들리다

- 조용히 흔들리다

조개껍질 속에 고이는

- 조개껍찔 소ː게 고이는

한 줌 노을 같은 종언인가.

- 한 줌ː 노을 가튼 종어닌가


몸뚱이보다 무거운 절망을 안고

- 몸뚱이보다 무거운 절망을 안ː꼬

어느 절벽 끝에 서면

- 어느 절벽 끄테 서면

내 가슴 벽에 몰아와

- 내 가슴 벼게 모라와

허옇게 부서져 가는 파돗소리…….

- 허ː여케 부서저 가는 파도쏘리…….

사랑하라 사랑하라

- 사랑하라 사랑하라

아직은 더욱 뜨겁게 포옹하라

- 아지근 더욱 뜨겁께 포ː옹하라

바다는 내게 속삭이며

- 바다는 내게 속싸기며

마지막 구석까지 채우고 싶어

- 마지막 구석까지 채우고 시퍼

출렁이며 출렁이며 밀려오고 있었다.

- 출렁이며 출렁이며 밀려오고 이썯따.

## 93  김찬자의 「시詩 담은 찻사발」

### 시詩 담은 찻사발 / 김찬자

맨 처음 내 몸은 흙이라 하더이다
맨 나중 내 육신은 옥돌이라 하더이다
이 찻사발이 어디메서 왔는지요
흙과 불의 만남이라지요

어찌 그 둘만의 만남뿐이겠어요
문경 앞산 뒷산이 다가와 섰고
문경 새재 넘나드는 골바람이 쓰담쓰담
달빛 별빛 곱게 받으며
문경 전설 가슴에 담은 흙과
문경 사람 냄새가 밴 흙이
밤새 이슬 내려 새날을 기다리던
도공의 부지런한 손길 따라
푸른 새벽이 오는 길섶 따라

흙사발은 푸른 꿈을 키워가더이다


그날, 하늘재 아래 관음리 동네가 온통
망댕이 전통 장작가마 뜨거운 어둠 속에서
황톳빛 살과 살을 부비며
온몸으로 걱정을 지우며
내 안의 욕망도 하나씩 내려놓더이다
도공은, 두 손 모아 보살마냥
불가마가 식을 때까지 한 자리에 지켜 서서
여태 말 못 한 사랑의 시어들이
찻사발에 가득 담아지길 소망하더이다


- '문경새재전국시낭송대회' 지정시.


## 원본 또는 정본 확인과정
'문경새재전국시낭송대회 지정시'에서 원본 확보.

## 참고본 또는 이본
참고본과 이본이 없음.

## 시인소개
**김찬자 시인**

경북 포항 출생.

2003년 포항문학 신인상. 2006년 포항mbc 수기공모 대상.

제1회 문경새재 공모전 당선.

경북 작품상.

경북펜문학상.

## 시의 이해
　찻사발 하나에 담긴, 도공의 노력과 자연의 조화로움이 시에 잘 녹아 있다.

## 발음 연구
담은 : 어원 '담: 다'는 장음이지만 활용형 '담은' '담아'는 단음이다.

## 장단음 연구
〈장음〉

맨:, 나:중, 둘:만의, 뒷:산이, 새:재, 넘:나드는, 골:바람이, 별:빛, 곱:게, 사:람, 냄:새가, 밴:, 동:네가, 온:통, 속:에서, 온:몸으로, 두: 손, 말:, 못:, 소:망하더이다,

〈단음〉

처음,

### 된소리, 거센소리, 예사소리

〈된소리=경음화〉

찻사발-차(찯)싸발, 육신은-육씨는, 옥돌이라-옥또리라, 찻사발이-차(찯)싸바리, 흙과-흑꽈, 앞산-압싼, 뒷산이-뒤(된):싸니, 섰고-섣꼬, 골바람이-골:빠라미, 달빛 별빛-달삗 별:삗, 곱게-곱:께, 흙과-흑꽈, 밤새-밤쌔, 손길-손낄, 길섶-길썹, 흙사발은-흑싸바른, 황톳빛-황토삗, 걱정을-걱쩡을.

〈된소리=경음화〉

내려놓더이다-내려노터이다.

### 조사 '의'의 발음

이 시에는 아래와 같이 조사 '의'가 등장한다.

 '흙과 불의 만남이라지요'

 '어찌 그 둘만의 만남뿐이겠어요'

 '도공의 부지런한 손길 따라'

 '내 안의 욕망도 하나씩 내려놓더이다'

모두 '에'로 발음하여도 문제가 없으나 꾸준히 '의'로 발음하는 것을 연습하여야 한다.

### 인터넷상의 오류들

 발표된 지 얼마 되지 않은 시詩이므로 인터넷에 잘못 올라온 사례가 없다.

## 중요 낱말 및 시어 시구 풀이
쓰담쓰담 : 손으로 자꾸 살살 쓸어 어루만짐

## 낭송의 실제

### 시詩 담은 찻사발 / 김찬자
- 시 다믄 차(찬)싸발 / 시 김찬자. 낭:송 ○○○.

맨 처음 내 몸은 흙이라 하더이다
- 맨 : 처음 내 모믄 흘기라 하더이다

맨 나중 내 육신은 옥돌이라 하더이다
- 맨 : 나:중 내 육씨는 옥또리라 하더이다

이 찻사발이 어디에서 왔는지요
- 이 차(찬)싸바리 어디에서 완는지요

흙과 불의 만남이라지요
- 흑꽈 부릐(레) 만나미라지요

어찌 그 둘만의 만남뿐이겠어요
- 어찌 그 둘:마늬(네) 만남뿌니게써요

문경 앞산 뒷산이 다가와 섰고
- 문경 압싼 뒤(뒷):싸니 다가와 섣꼬

문경 새재 넘나드는 골바람이 쓰담쓰담

- 문경 새:재 넘:나드는 골:빠라미 쓰담쓰담

달빛 별빛 곱게 받으며

- 달삗 별:삗 곱:께 바드며

문경 전설 가슴에 담은 흙과

- 문경 전설 가스메 다믄 흑꽈

문경 사람 냄새가 밴 흙이

- 문경 사:람 냄:새가 밴: 흘기

밤새 이슬 내려 새날을 기다리던

- 밤쌔 이슬 내려 새나를 기다리던

도공의 부지런한 손길 따라

- 도공의(에) 부지런한 손낄 따라

푸른 새벽이 오는 길섶 따라

- 푸른 새벼기 오는 길썹 따라

흙사발은 푸른 꿈을 키워가더이다

- 흑싸바른 푸른 꾸믈 키워가더이다


그날, 하늘재 아래 관음리 동네가 온통

- 그날, 하늘재 아래 과늠니 동:네가 온:통

망댕이 전통 장작가마 뜨거운 어둠 속에서

- 망댕이 전통 장작까마 뜨거운 어둠 소:게서

황톳빛 살과 살을 부비며

- 황토삗 살과 사를 부비며

온몸으로 걱정을 지우며

- 온ː모므로 걱쩡을 지우며

내 안의 욕망도 하나씩 내려놓더이다

- 내 아늬(네) 용망도 하나씩 내려노터이다


도공은, 두 손 모아 보살마냥

- 도공은, 두ː 손 모아 보살마냥

불가마가 식을 때까지 한 자리에 지켜 서서

- 불가마가 시글 때까지 한 자리에 지켜 서서

여태 말 못 한 사랑의 시어들이

- 여태 말ː 몯ː 한(탄) 사랑의(에) 시어드리

찻사발에 가득 담아지길 소망하더이다

- 차싸바레 가득 다마지길 소ː망하더이다

## 94 황봉학의 「일월오봉도」

**일월오봉도** / 황봉학

하늘을 다 담고 땅을 다 담아도
사람이 없으면 완성되지 못한 그림
태조 이성계의 일월오봉도를 생각한다

마지막 서정을 남기고 떠난 시인이
하늘과 땅이 맞닿은 태백산맥 어느 산마루에
너와집을 짓고 살고 있다 한다

'너와집' '너와 집'하고 되씹다 보니
'집의 마지막은 사람으로 완성된다'는
어느 건축가의 말이 생각난다

미스터리한 기둥과 난해한 서까래를 걸친 시詩의 집이 유행한 적 있다
해독할 수 없는 자물쇠를 열지 못해 사람들이 떠났다 한다

〉
서정을 그리워하는 시인이 짓고 사는 '너와 집'
하늘을 보고 땅을 밟으며
사람이 먼저인 '일월오봉도' 같은
'시집' 한 채 짓고 싶다

-《철학과 현실》2017년 겨울호. 권두 시.


### 원본 또는 정본 확인과정
'철학과 현실' 2017년 겨울호에서 원본 발췌.

### 참고본 또는 이본
참고본과 이본이 없다.

### 시인소개
'표지의 저자 소개' 참고.

### 시의 이해
　아무리 아름다운 그림이라도 그 풍경에 사람이 없으면 살아 있는 생동감을 찾기 힘들다. 인기나 난삽한 시를 가지고 주목을 끌려는 시들이 난무한다. 시는 사람을 위하여 쓰는 것이다. 일찍이 정진규 시인께서는 '

시가 사람의 아픔 마음을 어루만져 주지 못 한다면 무슨 소용이 있겠느냐?'고 물으신 적 있다.

'일월오봉도'에는 하늘과 산과 바다를 모두 담고 있지만, 그림 앞에 사람이 앉으므로 완성될 수 있다하여 태조 이성계는 어좌 뒤에 늘 이 그림을 걸어 두고 자신이 그 앞에 앉아 정사를 봄으로서 '천지인'이 완성되었다고 믿었다.

## 장단음 연구

〈장음〉

다:, 담:고, 사:람이, 없:으면, 완:성되지, 못:한, 그:림, 서:정을, 남:기고, 짓:고 살:고, 사:람으로, 건:축가의, 말:이, 걸:친, 해:독할 수, 없:는, 열:지, 못:해, 사:람들이, 서:정을, 사:는, 사:람이,

## 된소리, 거센소리, 예사소리

〈된소리=경음화〉

담고-담:꼬, 없으면-업:쓰면, 맞닿은-맏따은, 태백산맥-태백싼맥, 짓고-짇:꼬, 있다-읻따, 되씹다-되(뒈)씹따, 건축가의-건:축까의, 해독할 수-해:도칼 수(쑤), 자물쇠-자물쐬(쉐)를, 떠났다-떠낟따, 싶다-십따

〈거센소리=격음화〉

못한-모:탄, 생각한다-생가칸다, 해독할 수-해:도칼 수(쑤), 못해-모:태.

## 조사 '의'의 발음

이 시에는 아래와 같이 조사 '의'가 등장한다.

　'태조 이성계의 일월오봉도를 생각한다'
　"집의 마지막은 사람으로 완성된다'는'
　'어느 건축가의 말이 생각난다'
　'난해한 서까래를 걸친 시詩의 집이'

'에'로 발음하여도 무방하지만 '의'로 발음하였으면 하는 것이 바람이다.

## 중요 낱말 및 시어 시구 풀이

일월오봉도 : 조선시대 궁궐 정전의 어좌 뒷편에 놓였던 다섯 개의 산봉우리와 해, 달, 소나무 등을 소재로 그린 병풍. 오봉병·일월오봉병·일월오악도·일월곤륜도.

## 낭송의 실제

**일월오봉도** / 황봉학

− 일월오봉도 / 시 황봉학. 낭 : 송 ○○○.

(발음상으로는 '이뤄로봉도'로 표기되지만 고요명사이므로 '원표기음가'대로 발음하는 것이 좋다)


　하늘을 다 담고 땅을 다 담아도
　− 하느를 다ː 담ː꼬 땅을 다ː 다마도

사람이 없으면 완성되지 못한 그림
- 사:라미 업:쓰면 완성되지 모:탄 그:림
태조 이성계의 일월오봉도를 생각한다
- 태조 이성계의(에) 일월오봉도를 생가칸다


마지막 서정을 남기고 떠난 시인이
- 마지막 서:정을 남:기고 떠난 시이니
하늘과 땅이 맞닿은 태백산맥 어느 산마루에
- 하늘과 땅이 맏따은 태백싼맥 어느 산마루에
너와집을 짓고 살고 있다 한다
- 너와지블 짇:꼬 살:고 읻따 한다


'너와집' '너와 집'하고 되씹다 보니
- '너와집' '너와 집'하고 되(뒈)씹따 보니
'집의 마지막은 사람으로 완성된다'는
- '지븨(베) 마지마근 사:라므로 완성된다'는
어느 건축가의 말이 생각난다
-어느 건:축까의 마:리 생강난다


미스터리한 기둥과 난해한 서까래를 걸친 시詩의 집이 유행한 적 있다
- 미스터리한 기둥과 난해한 서까래를 걸:친 시詩의(에) 지비 유행한 적 읻따

133

해독할 수 없는 자물쇠를 열지 못해 사람들이 떠났다 한다
- 해:도칼 수(쑤) 엄:는 자물쐬(쒜)를 열:지 모:태 사:람드리 떠낟따 한다

서정을 그리워하는 시인이 짓고 사는 '너와 집'
- 서:정을 그리워하는 시이니 짇:꼬 사:는 '너와 집'
하늘을 보고 땅을 밟으며
- 하느를 보고 땅을 발브며
사람이 먼저인 '일월오봉도' 같은
- 사:라미 먼저인 '일월오봉도' 가튼
'시집' 한 채 짓고 싶다
- '시집' 한 채 짇:꼬 십따

# 95 이상국의 「물속의 집」

**물속의 집** / 이상국
― 1995년 1월 빚 때문에 영랑호에 와 자살한 한 가족을 위하여

    그해 겨울 영랑호 속으로
    빚에 쫓겨 온 서른세 살의 남자가
    그의 아내와 두 아이의 손을 잡고 들어가던 날
    미시령을 넘어온 장엄한 눈보라가
    네 켤레의 신발을 이내 묻어주었다

    고니나 청둥오리들은
    겨우내 하늘 어디선가 결 고운 물무늬를 물고 와서는
    뒤뚱거리며 내렸으며
    때로 조용한 별빛을 흔들며
    부채를 청산한 가족들의 웃음소리가
    인근 모래기까지 들리고는 했다
    〉

얼음꽃을 물고

수천 마리 새떼들이 길 떠나는 밤으로

젊은 내외는 먼 화진포까지 따라 나갔고

마당가 외등 아래서

물고기와 장난치던 아이들은

오래도록 손을 흔들었다

그러나 애들이 얼마나 추웠을까 생각하면

지금도 눈물이 나의 뺨을 적신다


그래도 저녁마다

설악이 물속의 집 뜨락에

아름다운 놀빛을 두고 가거나

산그림자 속 화암사 중들이

일부러 기웃거리다 늦게 돌아가는 날이면

영랑호는 문을 닫지 않는 날이 많았다


그런 날은 물속의 집이 너무 환하게 들여다보였다

- 이상국 문학자전 『국수』. 도서출판 《강》. 2019년 12월 10일. 49~50쪽.

### 원본 또는 정본 확인과정

  95년 1월 빚 때문에 영랑호에 와 자살한 한 가족을 위하여 쓴 시.

  발표는 1996년《현대시학》2월호에 첫 발표를 하고, 1998년 5월《창비》에서 낸 시집『집은 아직 따뜻하다』에 수록되었고, 2012년 육필시선집『국수가 먹고 싶다』에 다시 수록되었고, 마지막으로 2019년 12월 10일 도서출판《강》에서 이상국 문학 자전『국수』에 수정·보완 수록되었다. 이것이 '최종본'이다.

### 참고본 또는 이본

## 물 속의 집 / 이상국

  그해 겨울 영랑호 속으로
  빚에 쫓겨온 서른세살의 남자가
  그의 아내와 두 아이의 손을 잡고 들어가던 날
  미시령을 넘어 온 장엄한 눈보라가
  네 켤레의 신발을 이내 묻어주었다

  고니나 청둥오리들은
  겨우내 하늘 어디선가 결 고운 물무늬를 물고 와서는
  뒤뚱거리며 내렸으며
  때로 조용한 별빛을 흔들며

부채를 청산한 가족들의 웃음소리가
인근 마을까지 들리고는 했다

얼음꽃을 물고
수천마리 새들이 길 떠나는 밤으로
젊은 내외는 먼 화진포까지 따라 나갔고
마당가 외등 아래서
물고기와 장난치던 아이들은
오래도록 손을 흔들었다
그러나 그 애들이 얼마나 추웠을까 생각하면
지금도 눈물이 나의 뺨을 적신다

그래도 저녁마다
설악이 물 속의 집 뜨락에
아름다운 놀빛을 두고 가거나
산그림자 속 화암사 중들이
일부러 기웃거리다 늦게 돌아가는 날이면
영랑호는 문을 닫지 않는 날이 많았다

그런 날은 물 속의 집이 너무 환하게 들여다보였다

- 시집 『집은 아직 따뜻하다』(창비, 1998. 5. 15. 5쇄 2016. 2. 11.)

## 시인소개

**이상국 시인**

출생 : 1946년 9월 27일, 강원도 양양군.

대뷔 : 1976년 심상, 시 「겨울추상화」로 등단.

경력 : 유심지 주간.

수상 : 2014년 2월 제19회 현대불교문학상.

## 시의 이해

　시인은 빚 때문에 추운 겨울에 가족을 동반한 자살을 택한 한 가장의 소식을 접하고는 그들이 걸어 들어간 영랑호를 그들의 집으로 만들어 이제는 빚에 쫓기지 않아도 될 그들을 위로합니다. 고니와 청둥오리들이 친구가 되어 주고 설악산이 찾아오고 인근의 스님들도 안부를 묻습니다. 비록 죽음으로써 안정을 찾은 그들이지만 물속에서나마 웃고 살 수 있기를 시인은 간절히 바랬나봅니다.

　'미시령을 넘어온 장엄한 눈보라가 / 네 켤레의 신발을 이내 묻어주었다'

　'고니나 청둥오리들은 / 겨우내 하늘 어디선가 결 고운 물무늬를 물고 와서는'

　'설악이 물속의 집 뜨락에 / 아름다운 놀빛을 두고 가거나' 등의 시어들은 아픔을 넘어 그 가족들을 따뜻하게 만들어주고 있습니다.

　나는 이상국 시인을 2020년 11월 7일 '문경문학 아카데미'에서 만났다. 나는 10월에 강좌가 있었고 다음이 이상국 시인이었다. 가족에 관한 시를 주로 써신 분인데 인자하고 전형적인 우리네 아버지처럼 따스한 인품과 용모의 시인이었다.

'물속의 집'을 나의 '시낭송 교본'에 인용할 테니 승낙을 바란다는 나의 부탁을 기꺼이 들어주었다.

## 발음 연구

넘어 : 어원 '넘:다'는 장음이지만 활용형 '넘어'는 단음으로 발음한다.
이내¹ : 해 질 무렵 멀리 보이는 푸르스름하고 흐릿한 기운. 남기嵐氣.
이:내以內 : 공간·시간·수량 따위의 일정한 범위나 한도의 안《그 경계를 포함해서 말함》.
이-내² :【관형사】'나의'의 힘줌말. 애타는 ~ 가슴 억울한 ~ 사정을 누가 알까.
이내³ :【부사】① 그때 곧. 지체함이 없이 바로. ② 그때의 형편대로 계속. ③ 가까이에 바로.
영랑호-영낭호, 웃음소리-우슴쏘리, 적신다-적씬다,

## 장단음 연구

〈장음〉
영:랑호, 속:으로, 두:, 눈:보라, 네:, 고:운, 별:빛, 부:채를, 햇:다, 수:천, 새:떼들이, 젊:은, 내:외, 먼:, 외:등, 애:들이, 중:들이, 놀:빛 속:, 일:부러, 많:았다, 환:하게.

⟨단음⟩

날, 장엄한, 이내, 묻어주었다. 물고, 뺨, 날이면,

## 된소리, 거센소리, 예사소리

⟨된소리⟩

쫓겨-쫃껴, 잡고-잡꼬, 묻어주었다-무더주얻따, 별빛을-별：삐츨, 가족들의-가족뜨리, 웃음소리가-우슴쏘리가, 했다-핻：따, 나갔고-나갇꼬, 마당가-마당까, 물고기와-물꼬기와, 흔들었다-흔드럳따, 적신다-적씬다, 놀빛을-놀：삐츨, 기웃거리다-기욷꺼리다, 늦게-늗께, 적신다-적씬다, 물속의-물쏘긔, 단지-단찌, 많았다-마：낟따, 들여다보였다-드려다보엳따.

⟨거센소리⟩

생각하면-생가카면,

## 조사 '의'의 발음

이 시에는 아래와 같이 조사 '의'가 등장한다.

'빚에 쫓겨 온 서른세 살의 남자가'

'그의 아내와 두 아이의 손을 잡고 들어가던 날'

'네 켤레의 신발을 이내 묻어주었다'

'부채를 청산한 가족들의 웃음소리가'

'지금도 눈물이 나의 뺨을 적신다'

'설악이 물속의 집 뜨락에 '

'그런 날은 물속의 집이 너무 환하게 들여다보였다'
'에'와 '의'로 발음해보고 선택을 하기 바란다.

### 띄어읽기와 끊어읽기
그의 아내와/ 두 아이의 손을 잡고 들어가던 날(O)
그의 아내와 두 아이의/ 손을 잡고 들어가던 날(X)

### 중요 낱말 및 시어 시구 풀이
모래기 : 영랑호 인근의 마을 이름.

### 낭송의 실제

## 물속의 집 / 이상국
- 물쏘긔(ㅔ-제목에서 조사 '의'는 꼭 '의'로 하는 것을 원칙으로 한다) 집 /
1995년 1월 빚 때문에 영랑호에 와 자살한 한 가족을 위하여
- 1995년 1월 빋 때무네 영:낭호에 와 자살한 한 가조글 위하여
시 이상국. 낭:송 ○○○.

그해 겨울 영랑호 속으로
- 그해 겨울 영:낭호 소:그로
빚에 쫓겨 온 서른세 살의 남자가
- 비제 쫃껴 온 서른세 사릐(레) 남자가

그의 아내와 두 아이의 손을 잡고 들어가던 날
- 그의(에) 아내와 두ː 아이의(에) 소늘 잡꼬 드러가던 날

미시령을 넘어 온 장엄한 눈보라가
- 미시령을 너머 온 장엄한 눈ː보라가

네 켤레의 신발을 이내 묻어주었다
- 네ː 켤레의(에) 신바를 이내 무더주얻따


고니나 청둥오리들은
- 고니나 청둥오리드른

겨우내 하늘 어디선가 결 고운 물무늬를 물고 와서는
- 겨우내 하늘 어디선가 결 고ː운 물무니를 물고 와서는

뒤뚱거리며 내렸으며
- 뒤뚱거리며 내려쓰며

때로 조용한 별빛을 흔들며
- 때로 조용한 별ː삐츨 흔들며

부채를 청산한 가족들의 웃음소리가
- 부ː채를 청산한 가족뜨리(레) 우슴쏘리가

인근 모래기까지 들리고는 했다
- 인근 모래기까지 들리고는 핻ː따


얼음꽃을 물고
- 어름꼬츨 물고

수천 마리 새떼들이 길 떠나는 밤으로
- 수:천 마리 새:떼드리 길 떠나는 바므로
젊은 내외는 먼 화진포까지 따라 나갔고
- 절:믄 내:외(웨)는 먼: 화진포까지 따라 나갇꼬
마당가 외등 아래서
- 마당까 외(웨):등 아래서
물고기와 장난치던 아이들은
- 물꼬기와 장난치던 아이드른
오래도록 손을 흔들었다
- 오래도록 소늘 흔드럳따
그러나 애들이 얼마나 추웠을까 생각하면
- 그러나 애:드리 얼마나 추워쓸까 생가카면
지금도 눈물이 나의 뺨을 적신다
- 지금도 눈무리 나의 빠믈 적씬다


그래도 저녁마다
- 그래도 저녕마다
설악이 물속의 집 뜨락에
- 서라기 물쏘긔(게) 집 뜨라게
아름다운 놀빛을 두고 가거나
- 아름다운 놀:삐츨 두고 가거나
산그림자 속 화암사 중들이

- 산그림자 속ː 화암사 중ː드리

일부러 기웃거리다 늦게 돌아가는 날이면
- 일ː부러 기운꺼리다 늗께 도라가는 나리면

영랑호는 문을 닫지 않는 날이 많았다
- 영ː낭호는 무늘 닫찌 안는 나리 마ː낟따

그런 날은 물속의 집이 너무 환하게 들여다보였다
- 그런 나른 물쏘긔(게) 지비 너무 환ː하게 드려다보엳따

## 강의 노트
〈부제의 낭송에 대하여〉

물속의 집
- 물소긔(게-제목에서 조사 '의'는 꼭 '의'로 하는 것을 원칙으로 한다) 집 /
1995년 1월 빚 때문에 영랑호에 와 자살한 한 가족을 위하여
- 1995년 1월 빋 때무네 영ː낭호에 와 자살한 한 가조글 위하여

시 이상국, 낭ː송 ○○○.

시에서 '원제'와 '부제'가 있는 경우 '부제'는 주로 시를 어떤 목적에 두고 쓴 경우가 많다. 그러니 '원제'보다 '부제'가 더 큰 비중을 차지하는 경우가 있다. 그런데 대부분의 낭송가가 '원제'만 낭송하고 '부제'를 생략하는 경우가 있다. 이는 시를 이해 못하는 경우가 되므로 유의하여야 한다.

# 96 김수영의 「풀」

풀 / 김수영

풀이 눕는다
비를 몰아오는 동풍에 나부껴
풀은 눕고
드디어 울었다
날이 흐려서 더 울다가
다시 누웠다

풀이 눕는다
바람보다도 더 빨리 눕는다
바람보다도 더 빨리 울고
바람보다 먼저 일어난다

날이 흐리고 풀이 눕는다
발목까지

발밑까지 눕는다
바람보다 늦게 누워도
바람보다 먼저 일어나고
바람보다 늦게 울어도
바람보다 먼저 웃는다
날이 흐리고 풀뿌리가 눕는다

- 시선집 『거대한 뿌리』 (민음사, 2판 2019. 10), 142쪽.

### 원본 또는 정본 확인과정

김수영의 시선집 『거대한 뿌리』에서 원본 발췌.

### 참고본 또는 이본

참고본 또는 이본 생략.

### 시인소개

**김수영金洙暎 시인**(1921년 11월 27일 ~ 1968년 6월 16일)은 대한민국의 시인이다.

1950년대 문단에서 김수영은 '노랭이'라는 별명을 얻는다. 누구랄 것도 없이 가난하게 살던 당시의 문인들은 원고료를 받으면 집으로 가져가지 못하고 동료들의 막걸리값으로 풀어야 했다. 그것이 1950년대 한국 문단의 미풍양속이고 관례이었다. 따라서 원고료를 안주머니에 챙겨 꼬박꼬박 집에 갖다 주는 김수영의 행위는 이런 관례를 깨뜨려 지탄의 대상이 되었다고 한다. 어떤 잡지 편집자는 몇 밤을 새워 번역한 원고의 원고료를 받으러 온 김수영에게 대놓고 "당신이 일해 오는 것은 무서운 생각이 든다."고 모욕적인 말을 내뱉기도 한다.

김수영이 시대와 예술가, 혹은 지식인의 참여라는 문제에 본격적인 관심을 갖고 나름의 활동을 하게 된 것은 4.19 이후의 일이었다. 1960년대로 접어들어서도 김수영은 여전히 양계와 번역료로 생활하면서 버젓한 직장을 가지지 않았으며, 시·시론·시평 등을 통해 우리 사회의 후진성과 허위의식을 비판하고 진정한 참여를 하지 못하는 자기 자신을 비난하는 성격의 글들을 발표하였다. 그의 이러한 성격은 수능 단골이 되는 계기가 된다.

그토록 왕성한 활동을 벌이던 김수영은 1968년 6월 15일 문우들과 가졌던 술자리에서 귀가하던 중 과속버스에 치였다. 의식을 잃은 채 적십자병원으로 실려 가 응급치료를 받았으나 끝내 의식을 회복하지 못하고 다음 날인 6월 16일 유명을 달리하였다. 신동엽이 「지맥 속의 분수」라는 조사弔辭에서 언급했다시피 그렇게 "어두운 시대의 위대한 증인을 잃었다."

## 시의 이해

시인의 말기를 대표하는 작품이다. 풀과 바람이라는 단어가 연속적으로 등장한다. 풀은 가난하고 억압받는 민중을 뜻하고 바람은 민중을 억

누르는 지배세력을 지칭한다. 그러나 풀은 바람이 거세어지면 처절하게 굴복하지만 금방 다시 일어나 자신을 억압했던 세력을 이기고 웃는다.

### 발음 연구
울었다, 누웠다, 누워도, 울어도 : 어원 '눕ː다', '울ː다'는 장음이지만 활용형 '울었다', '누웠다', '누워도', '울어도'는 단음으로 발음한다.

### 장단음 연구
〈장음〉
눕ː는다, 눕ː 고, 울ː다가, 울ː고, 웃ː는다.

### 된소리, 거센소리, 예사소리
〈된소리=경음화〉
눕고-눕ː꼬, 울었다-우럳따, 누웠다-누월따, 늦게-늗께,

### 조사 '의'의 발음
조사 '의'가 하나도 등장하지 않는 특이한 시다.

### 띄어읽기와 끊어읽기
시의 모든 행이 짧고 율행으로 배열되어 행을 따라 낭송하면 된다.

## 중요 낱말 및 시어 시구 풀이

풀은 노동자(하위 계층)를 의미한다.

비를 몰아오는 동풍은 억압하는 자(권력자)를 의미한다.

## 낭송의 실제

### 풀 / 김수영

풀 / 시 김수영. 낭ː송 ○○○.

풀이 눕는다
- 푸리 눔ː는다

비를 몰아오는 동풍에 나부껴
- 비를 모라오는 동풍에 나부껴

풀은 눕고
- 푸른 눕ː꼬

드디어 울었다
- 드디어 우럳따

날이 흐려서 더 울다가
- 나리 흐려서 더 울ː다가

다시 누웠다
- 다시 누웓따

〉

풀이 눕는다

- 푸리 눔ː는다

바람보다도 더 빨리 눕는다

- 바람보다도 더 빨리 눔ː는다

바람보다도 더 빨리 울고

- 바람보다도 더 빨리 울ː고

바람보다 먼저 일어난다

- 바람보다 먼저 이러난다


날이 흐리고 풀이 눕는다

- 나리 흐리고 푸리 눔ː는다

발목까지

- 발목까지

발밑까지 눕는다

- 발밑까지 눔ː는다

바람보다 늦게 누워도

- 바람보다 늦께 누워도

바람보다 먼저 일어나고

- 바람보다 먼저 이러나고

바람보다 늦게 울어도

- 바람보다 늦께 우러도

바람보다 먼저 웃는다

- 바람보다 먼저 운:는다

날이 흐리고 풀뿌리가 눕는다

- 나리 흐리고 풀뿌리가 눕:는다


**강의 노트**

  시인들은 두 가지의 부류가 있다. 시대의 흐름에 맞추어 인기를 누리거나 참여정신이 투철하여 시대를 역행하는 세력들에게 맞서는 글을 쓰거나 철저하게 문학작품을 고집하는 순수 작가가 있다.

시를 고를 때는 행사의 성격에 맞는 시를 잘 골라야 하는 이유이기도 하다.

## 97 천양희의 「우표 한장 붙여서」


**우표 한장 붙여서** / 천양희

꽃 필 때 널 보내고도 나는 살아남아
창 모서리에 든 봄볕을 따다가 우표 한장
붙였다 길을 가다가 우체통이 보이면
마음을 부치고 돌아서려고

내가 나인 것이 너무 무거워서 어제는
몇 정거장을 지나쳤다 내 침묵이 움직이지
않는 네 슬픔 같아 떨어진 후박잎을
우산처럼 쓰고 빗속을 지나간다 저 빗소리로
세상은 여위어가고 미움도 늙어
허리가 굽었다

꽃 질 때 널 잃고도 나는 살아남아
은사시나무 잎사귀처럼 가늘게 떨면서

쓸쓸함이 다른 쓸쓸함을 알아볼 때까지
헐한 내 저녁이 백년처럼 길었다 오늘은
누가 내 속에서 찌륵찌륵 울고 있다

마음이 궁벽해서 새벽을 불렀으나 새벽이
새, 벽이 될 때도 없지 않았다 그럴 때
사랑은 만인의 눈을 뜨게 한 한 사람의
눈먼 자를 생각한다 누가 다른 사람
나만큼 사랑한 적 있나 누가 한 사람을
나보다 더 사랑한 적 있나 말해봐라
우표 한장 붙여서 부친 적 있나

– 시집『나는 가끔 우두커니가 된다』(창비, 2011). 70~71쪽.

### 원본 또는 정본 확인과정
천양희 시집『나는 가끔 우두커니가 된다』에서 발췌.

### 참고본 또는 이본
생략한다.

## 시인소개
**천양희 시인**

출생 : 1942년 1월 21일, 부산

학력 : 이화여자대학교 국문과 졸업

데뷔 : 1965년 현대문학 '정원 한때' 등단

수상 : 2017.10. 통영문학상

## 시의 이해
　스스로에게 물어보자. 당신이 정말 사랑하는 사람이 있었다면 '누가 다른 사람 나만큼 사랑한 적 있나 누가 한 사람을 나보다 더 사랑한 적 있나 말해봐라'라고 당당하게 외칠 수 있는지.

## 발음 연구
길었다 : 어원 '길:다'는 장음이지만 활용형 '길었다'는 단음으로 발음한다.

## 장단음 연구
〈장음〉

후:박잎을, 우:산처럼, 세:상은, 떨:면서, 속:에서, 울:고, 없:지, 만:인의, 사:람의, 사:람, 사:람을, 말:해봐라.

### 된소리, 거센소리, 예사소리

〈된소리=경음화〉

봄볕을-봄뼈틀, 붙였다-부쳗따, 지나쳤다-지나쳗따, 빗속을-비쏘글(빋쏘글), 빗소리로-비(빋)쏘리로, 굽었다-구벋따, 잎사귀처럼-입싸귀처럼, 길었다-기럳따, 있다-읻따, 없지 않았다-업ː찌 아낟따.

〈거센소리=격음화〉

붙여서-부처서, 붙였다-부쳗따, 잃고도-일코도, 궁벽해서-궁벼캐서, 생각한다-생가칸다.

### 조사 '의'의 발음

이 시에는 아래와 같이 조사 '의'가 등장한다.

　'사랑은 만인의 눈을 뜨게 한 한 사람의'

'의' 발음에 익숙해질 때까지 끊임없이 연습하시길 바란다.

### 띄어읽기와 끊어읽기

　이 시는 '시행'이 참 특이하게 배열되었다. '시행'대로 읽거나 낭송을 하게 되면 호흡조절도 잘 안되고 뜻의 전달이 혼란스러워진다. 그럼, 시인은 왜 이런 배행법配行法을 썼을까? 그 의도는 한 행을 읽고 나서 다음 행을 넘어갈 때 쉬지 말고 읽어 달라는 주문을 하는 것이다. 이런 배행법이 시단에 한참 동안 유행한 적이 있었다. 이런 시를 접하게 되면 '율행'에 따라 낭독하는 것도 괜찮다. 이번 기회에 '시행과 율행'의 관계를 공부하는 계기가 되었으면 한다.

'율행'을 무시하고 의미나 이미지를 강조하기 위하여 시행을 배행하면 리듬이 깨지고 '시행'을 무시하고 리듬을 중요시하여 배행하면 리듬이 생기고 낭송하기는 쉽지만 강조하고자 하는 의미나 이미지가 행 속에 묻혀버리게 된다.

### 중요 낱말 및 시어 시구 풀이
특별히 주의해야 할 시구나 시어가 없다.

### 낭송의 실제

### 우표 한장 붙여서 / 천양희
- 우표 한장 부처서 / 시 천양희. 낭:송 ○○○.

   꽃 필 때 널 보내고도 나는 살아남아
  - 꼳 필 때 널 보내고도 나는 사라나마
   창 모서리에 든 봄볕을 따다가 우표 한장
  - 창 모서리에 든 봄뼈틀 따다가 우표 한장
   붙였다 길을 가다가 우체통이 보이면
  - 부쳗따 기를 가다가 우체통이 보이면
   마음을 부치고 돌아서려고
  - 마으을 부치고 도라서려고
   〉

내가 나인 것이 너무 무거워서 어제는

- 내가 나인 거시 너무 무거워서 어제는

몇 정거장을 지나쳤다 내 침묵이 움직이지

- 멷 정거장을 지나철따 내 침무기 움지기지

않는 네 슬픔 같아 떨어진 후박잎을

- 안는 네 슬픔 가타 떠러진 후:방니플

우산처럼 쓰고 빗속을 지나간다 저 빗소리로

- 우:산처럼 쓰고 비쏘글(빋쏘글) 지나간다 저 비쏘리로(빋쏘리로)

세상은 여위어가고 미움도 늙어

- 세:상은 여위어가고 미움도 늘거

허리가 굽었다

- 허리가 구벋따


꽃 질 때 널 잃고도 나는 살아남아

- 꼳 질 때 널 일코도 나는 사라나마

은사시나무 잎사귀처럼 가늘게 떨면서

- 은사시나무 입싸귀처럼 가늘게 떨:면서

쓸쓸함이 다른 쓸쓸함을 알아볼 때까지

- 쓸쓸하미 다른 쓸쓸하믈 아라볼 때까지

헐한 내 저녁이 백년처럼 길었다 오늘은

- 헐한 내 저녀기 뱅년처럼 기럳따 오느른

누가 내 속에서 찌륵찌륵 울고 있다

— 누가 내 소:게서 찌륵찌륵 울:고 읻따

마음이 궁벽해서 새벽을 불렀으나 새벽이

— 마으미 궁벼캐서 새벼글 불러쓰나 새벼기

새, 벽이 될 때도 없지 않았다 그럴 때

— 새, 벼기 될 때도 업:찌 아낟따 그럴 때

사랑은 만인의 눈을 뜨게 한 한 사람의

— 사랑은 마:니늬(니) 누늘 뜨게 한 한 사:라믜(메)

눈먼 자를 생각한다 누가 다른 사람

— 눈먼 자를 생가칸다 누가 다른 사:람

나만큼 사랑한 적 있나 누가 한 사람을

— 나만큼 사랑한 적 읻나 누가 한 사:라믈

나보다 더 사랑한 적 있나 말해봐라

— 나보다 더 사랑한 적 읻나 말:해봐라

우표 한장 붙여서 부친 적 있나

— 우표 한장 부처서 부친 적 읻나

## 강의 노트

시행詩行 : 시인이 작품 속에 설정한 행.

율행律行 : 시행을 무시하고 독자가 낭송할 때 자연스럽게 끊어 읽는 단위.

그 틈으로 실뿌리들을 내밀어 젖 먹이고 있겠다

풀이 시들 때까지 종이컵의 이름으로 남아 있을지
빳빳했던 성깔도 물기에 젖은 채
간신히 제 형상을 보듬고 있어도
풀에 맺힌 코딱지만 한 꽃 몇 송이 받쳐 들고
소멸이 기꺼운 듯 표정이 부드럽다

어쩌면 저를 버린 사람에 대한
뜨거웠던 입맞춤의 기억이
스스로를 거듭 고쳐 재활용하는지도 모를 일이지
일회용이라 부르는
아주 기나긴 생이 때론 저렇게 있다

- 시집 『따뜻한 외면』 (실천문학사, 2013) 20~21쪽.

## 원본 또는 정본 확인과정

복효근의 시집 『따뜻한 외면』에서 원본을 발췌하였다.

## 참고본 또는 이본

참고본 이본이 따로 없다.

## 시인소개
**복효근 시인**

출생 : 음력 1962년 5월 11일, 전북 남원시

학력 : 전북대학교 국어교육학과

데뷔 : 1991년 계간지 '시와시학' 등단

경력 : 대강중학교 교사

수상 : 2015. 제2회 신석정문학상

## 시의 이해
　우리는 일회용의 비품에 익숙해져 있다. 당연히 한 번 쓰고 버린다는 것에 어색해하는 사람은 없다. 그러나 그 일회용이라는 물품들이 버려져서는 수천 년의 세월 동안 삭거나 썩지 않는다는 사실을 인지하고 사용하는 사람은 많지 않다. 종이로 만든 일회용이 저러할 진데 플라스틱이나 스티로폼 같은 제품은 어떠할까? 아! 사랑도 일회용으로 버려진다면 그 상처는 대체 몇 천 년을 가야 아물까?

## 발음 연구
표준 발음법에 의하여 낭송할 경우 특별히 유의할 발음이 없다.

## 장단음 연구
〈장음〉

하:얗고, 감:싸고, 사:람이, 빠:져나간, 이:내, 반:쯤은, 담:고, 안:고, 실:뿌

리들을, 내:밀어, 성:깔도, 사:람에, 대:한, 재:활용, 모:를, 일:이지.

## 된소리, 거센소리, 예사소리

〈된소리=경음화〉

찍던-찍떤, 있었겠지-이썯껟찌, 채웠던-채월떤, 있다-읻따, 나무였던지라-나무열떤지라, 담고-담:꼬, 안고-안:꼬, 있겠다-읻껟따, 있을지-이쓸찌, 빳빳했던-빧빠탣떤, 물기에-물끼에, 보듬고-보듬꼬, 코딱지만-코딱찌만, 부드럽다-부드럽따, 뜨거웠던-뜨거월떤,

〈거센소리=격음화〉

하얗고-하:야코, 이렇게-이러케, 묻혀-무처, 빳빳했던-빧빠탣떤, 맺힌-매친, 저렇게-저러케.

## 조사 '의'의 발음

이 시에는 아래와 같이 조사 '의'가 등장한다.

> 풀이 시들 때까지 종이컵의 이름으로 남아 있을지
> 뜨거웠던 입맞춤의 기억이

시낭송가는 조사 '의'에 대하여 확실하고도 정확한 발음을 필요로 한다. 소유격 조사 '의'와 처소격 조사 '에'는 문자언어에서의 구별뿐이 아니라 음성언어에서도 중요한 역할을 한다. 꾸준하게 조사 '의'의 발음을 연습하여 시어의 전달에 오류가 없도록 하여야 한다.

### 띄어읽기와 끊어읽기

  시인이 시행을 율행에 적합하게 배열을 해놓아 특별하게 띄어읽기나 끊어읽기에 불편함이 없다.

### 중요 낱말 및 시어 시구 풀이

고어나 사투리 등의 시어가 없어 시를 이해하는데 불편함이 없다.

### 낭송의 실제

### 어떤 종이컵에 관한 관찰 기록 / 복효근
– 어떤 종이커베 관한 관찰 기록 / 시 복효근. 낭 : 송 ○○○

  그 하얗고 뜨거운 몸을 두 손으로 감싸고
  – 그 히 : 야코 뜨거운 모믈 두 소느로 감 : 싸고
  사랑은 이렇게 하는 것이라는 듯
  – 사랑은 이러케 하는 거시라는 듣
  사랑은 이렇게 달콤하다는 듯
  – 사랑은 이러케 달콤하다는 듣
  붉은 립스틱을 찍던 사람이 있었겠지
  – 불근 립스티글 찍떤 사 : 라미 이썯껟찌
  채웠던 단물이 빠져나간 다음엔
  – 채월떤 단무리 빠 : 저나간 다으멘

이내 버려졌을,

- 이:내 버려저쓸,

버려져 쓰레기가 된 종이컵 하나

- 버려저 쓰레기가 된 종이컵 하나

담장 아래 땅에 반쯤은 묻혀 있다

- 담장 아래 땅에 반:쯔은 무처 읻따


한때는 저도 나무였던지라

- 한때는 저도 나무엳떤지라

낡은 제 몸 가득 흙을 담고

- 날근 제 몸 가득 흘글 담:꼬

한 포기 풀을 안고 있다

- 한 포기 푸를 안:꼬 읻따

버려질 때 구겨진 상처가 먼저 헐거워져

- 버려질 때 구겨진 상처가 먼저 헐거워저

그 틈으로 실뿌리들을 내밀어 젖 먹이고 있겠다

- 그 트므로 실:뿌리드를 내:미러 젇 머기고 읻껟따


풀이 시들 때까지 종이컵의 이름으로 남아 있을지

- 푸리 시들 때까지 종이커븨(베) 이르므로 나마 이쓸찌

빳빳했던 성깔도 물기에 젖은 채

- 빧빠탣떤 성:깔도 물끼에 저즌 채

간신히 제 형상을 보듬고 있어도
- 간신히 제 형상을 보듬꼬 이써도
풀에 맺힌 코딱지만 한 꽃 몇 송이 받쳐 들고
- 푸레 매친 코딱찌만 한 꼳 면 송이 받처 들고
소멸이 기꺼운 듯 표정이 부드럽다
- 소며리 기꺼운 듣 표정이 부드럽따

어쩌면 저를 버린 사람에 대한
- 어쩌면 저를 버린 사:라메 대:한
뜨거웠던 입맞춤의 기억이
- 뜨거웓떤 임맏추믜(메) 기어기
스스로를 거듭 고쳐 재활용하는지도 모를 일이지
- 스스로를 거듭 고쳐 재:화룡하는지도 모:를 이:리지
일회용이라 부르는
- 일회(훼)용이라 부르는
아주 기나긴 생이 때론 저렇게 있다
- 아주 기나긴 생이 때론 저러케 읻따

## 99  곽재구의 「김소월을 가르치다 보면」

### 김소월을 가르치다 보면 / 곽재구

정주 곽산 영변 이런 지명들이
강진 해남 마산 이런 지명들과 맞부딪칠 때면
그 속에는 어린 시절 봄 들판의
어느 아지랭이보다 뜨거운 현기가 숨어 있다
김소월을 가르치다 보면
아이들은 낯선 지명에도 눈빛이 빛나고
지금은 죽어 한 줌 진달래빛 흙가루나 되었을
한 병약한 북녘 시쟁이의 고향과 추억에
그들의 어린 귀와 가슴의 문을 열어젖힌다
마른 북어처럼 어눌한 저들의 국어 선생이
맹렬히 침을 튀기며 눌변을 이을 때
아이들은 은빛의 몸을 퉁기며
압록강 상류를 거슬러 올라가는 은어떼가 된다
쏟아지는 햇살의 추억을 뚫고

뗏목 위에 우뚝 선 조선 사내의 가슴팍을 스치기도 하다가
달구지에 어린것 헌 솥 이불짐 올려 두고
눈발 속을 떠나가는 일가족을 만나기도 하다가
늦편 개마고원 참꽃 떼거리를 기웃거리기도 하다가
꽃잎 새로 배시시 웃는 젖통 큰 산가시내의 얼굴을 붉히게도 한다
김소월을 가르치다 보면
아이들의 추억과 따뜻한 피 속에는
따로 세워진 40개의 눈물기둥은 없다
만질 수 없는 시간의 벽과 증오와 절벽도 없다
한 번도 만난 적 없는 북녘 사내의 낡은 사진과
오래된 싯구 속에서 남녘 아이들의 눈빛은 빛나고
아이들의 피는 쿵쿵 튀어 올라
약술에 취한 듯 저들의 어눌한 국어 선생은 오늘 기분이 좋다.

- 시집 『전장포 아리랑』 (민음사. 초판 1985년 10월 15일.
  중판 1988년 3월 15일) 14~15쪽.

## 원본 또는 정본 확인 과정

이 시는 잘 알려지지는 않았지만 김소월 작품으로 시퍼포먼스를 하거나 윤송 등으로 공연할 때 가끔 등장한다. 오래된 시집이라 시중에서 구할 수 없고 인터넷에 올라온 작품들은 띄어쓰기 오류와 오타와 원본이

변형된 작품뿐이었다. 할 수 없이 중고서점을 통하여 구입을 시도하였으나 중고서적도 절판되어 구할 수 없어 전국 도서관을 통하여 원본 확보를 시도하던 중 다행히 '장서각문고'에 한 권이 출현하여 현재 '시낭송 솔루션 모니터'로 활동하고 계시는 ○○○님이 급히 구입을 하여 원본을 확보할 수 있었다.

### 참고본 또는 이본
참고본 및 이본이 없다.

### 시인소개
**곽재구 대학교수, 시인**
출생 : 1954년 1월 1일, 광주
소속 : 순천대학교
학력 : 숭실대학교 대학원
데뷔 : 1981년 중앙일보 신춘문예 시 '사평역에서' 당선
경력 : 순천대학교 문예창작학과 교수
수상 : 제10회 신동엽창작기금

### 시의 이해
　시를 가르치다보면 오래된 작고 시인들의 작품을 다루지 않을 수 없다. 고어와 사투리 방언을 접하다 보면 그 시대에 대한 애환과 정서에 동화되어 빠져들게 된다. 김소월, 윤동주, 백석과 마주하는 것이 신기

하기도 하다. 시낭송에서는 그래서 고어와 사투리 방언까지 시에 등장하는 그대로 낭송하는 것이 좋다. 그 시대를 이해할 수 있는 계기도 되지만 시의 내용에서 그 시대의 감성과 정서까지 느낄 수 있도록 하기 때문이다.

### 발음 연구

시낭송에서 장단음의 구분, 된소리와 거센소리의 구사는 시의 리듬과 '고저완급'을 결정짓는 중요한 역할을 하므로 시낭송가는 표준발음법을 꿰뚫고 있어야 하며 정확한 발음으로 시어의 전달에 한 치의 오류가 있어서는 안 된다.

### 장단음 연구

〈장음〉

없ː이, 세ː상, 못ː, 정ː주, 해ː남, 마ː산, 속ː에는, 들ː판의. 현ː기가, 숨ː어, 줌ː, 병ː약한, 어ː눌한, 맹ː렬히, 상ː류를, 헌ː, 눈ː발, 속ː을, 웃ː는, 속ː에서, 사ː십개의, 없ː다, 없ː는, 속ː에서, 취ː한, 좋ː다.

### 된소리, 거센소리, 예사소리

〈된소리=경음화〉

곽산-곽싼, 맞부딪칠-맏뿌딛칠, 있다-읻따, 낯선-낟썬, 눈빛이-눈삐치, 진달래빛-진달래삗, 흙가루나-흑까루나, 은빛이-은삐치(체), 압록강-암녹깡, 햇살의-해싸리(레), 뚫고-뚤꼬, 이불짐-이불찜, 눈발-눈ː

빨, 기웃거리기도-기욷꺼리기도, 추억과-추억꽈, 따뜻한-따뜨탄, 40개의-사ː십깨의, 없다-업ː따, 만질 수-만질 쑤(쑤), 벽과-벽꽈, 절벽도-절벽또, 싯구-시꾸, 눈빛은-눈삐츤, 약술에-약쑤레.

〈거센소리=격음화〉

병약한-병ː야칸, 열어젖힌다-여러저친다, 붉히게도-불키게도, 따뜻한-따뜨탄, 좋다-조ː타.

## 조사 '의'의 발음

이 시에는 조사 '의'가 유난히도 많다. 조사 '의'는 '에'와 달리 시에서 중요한 역할을 담당한다. '처소격'인가? '소유격'인가에 따라 시가 말하고자하는 뜻이 달라지기 때문이다. 시낭송가라면 당연히 조사 '의'에 대한 올바른 지식과 발음을 구사할 줄 알아야 한다. 꾸준하게 '의' 발음을 연습하기 바란다.

그 속에는 어린 시절 봄 들판의
한 병약한 북녘 시쟁이의 고향과 추억에
그들의 어린 귀와 가슴의 문을 열어젖힌다
마른 북어처럼 어눌한 저들의 국어 선생이
아이들은 은빛의 몸을 퉁기며
쏟아지는 햇살의 추억을 뚫고
뗏목 위에 우뚝 선 조선 사내의 가슴팍을 스치기도 하다가
젖통 큰 산가시내의 얼굴을 붉히게도 한다

아이들의 추억과 따뜻한 피 속에는
따로 세워진 40개의 눈물기둥은 없다
시간의 벽과 증오와 절벽도 없다
북녘 사내의 낡은 사진과
남녘 아이들의 눈빛은 빛나고
아이들의 피는 쿵쿵 튀어 올라
약술에 취한 듯 저들의 어눌한 국어 선생은 오늘 기분이 좋다.

### 띄어읽기와 끊어읽기

'양행걸침'이나 '월행시행' '도치법' 등이 구사되지 않은 시다. 시행대로 낭송하면 무리가 없다.

### 낭송의 실제

## 김소월을 가르치다 보면 / 시 곽재구

- 김소워를 가르치다 보면 / 시 곽재구. 낭:송 ○○○.

정주 곽산 영변 이런 지명들이
- 정:주 곽싼 영변 이런 지명드리
강진 해남 마산 이런 지명들과 맞부딪칠 때면
- 강진 해:남 마:산 이런 지명들과 맏뿌딛칠 때면
그 속에는 어린 시절 봄 들판의

- 그 소ː게는 어린 시절 봄 들ː파늬(네)

어느 아지랭이보다 뜨거운 현기가 숨어 있다

- 어느 아지랭이보다 뜨거운 현ː기가 수머 읻따

김소월을 가르치다 보면

- 김소워를 가르치다 보면

아이들은 낯선 지명에도 눈빛이 빛나고

- 아이드른 낟썬 지명에도 눈삐치 빈나고

지금은 죽어 한 줌 진달래빛 흙가루나 되었을

- 지그믄 주거 한 줌ː 진달래삗 흑까루나 되어쓸

한 병약한 북녘 시쟁이의 고향과 추억에

- 한 병ː야칸 붕녁 시쟁이의 고향과 추어게

그들의 어린 귀와 가슴의 문을 열어젖힌다

- 그드릐(레) 어린 귀와 가스믜(메) 무늘 여러저친다

마른 북어처럼 어눌한 저들의 국어 선생이

- 마른 부거처럼 어ː눌한 저드릐(레) 구거 선생이

맹렬히 침을 튀기며 눌변을 이을 때

- 맹ː녈히 치믈 튀기며 눌벼늘 이을 때

아이들은 은빛의 몸을 퉁기며

- 아이드른 은삐츼(체) 모믈 퉁기며

압록강 상류를 거슬러 올라가는 은어떼가 된다

- 암녹깡 상ː뉴를 거슬러 올라가는 으너떼가 된다

쏟아지는 햇살의 추억을 뚫고

- 쏘다지는 해싸리(레) 추어글 뚤꼬

뗏목 위에 우뚝 선 조선 사내의 가슴팍을 스치기도 하다가

- 뗀목 위에 우뚝 선 조선 사내의 가슴파글 스치기도 하다가

달구지에 어린것 헌 솥 이불짐 올려 두고

- 달구지에 어린걷 헌 : 솓 이불찜 올려 두고

눈발 속을 떠나가는 일가족을 만나기도 하다가

- 눈 : 빨 소 : 글 떠나가는 일가조글 만나기도 하다가

늦핀 개마고원 참꽃 떼거리를 기웃거리기도 하다가

- 늗핀 개 : 마고원 참꼳 떼거리를 기욷꺼리기도 하다가

꽃잎 새로 배시시 웃는 젖통 큰 산가시내의 얼굴을 붉히게도 한다

- 꼰닙 새로 배시시 욷 : 는 젇통 큰 산가시내의 얼구를 불키게도 한다

김소월을 가르치다 보면

- 김소워를 가르치다 보면

아이들의 추억과 따뜻한 피 속에는

- 아이드리(레) 추억꽈 따뜨탄 피 소 : 게는

따로 세워진 40개의 눈물기둥은 없다

- 따로 세워진 사 : 십깨의 눈물기둥은 업 : 따

만질 수 없는 시간의 벽과 증오와 절벽도 없다

- 만질 수(쑤) 엄 : 는 시가늬(네) 벽꽈 증오와 절벽또 업 : 따

한 번도 만난 적 없는 북녘 사내의 낡은 사진과

- 한 번도 만난 적 엄 : 는 붕녁 사내의 날근 사진과

오래된 싯구 속에서 남녀 아이들의 눈빛은 빛나고

- 오래된 시꾸 소:게서 남녁 아이드리(레) 눈삐츤 빈나고

아이들의 피는 쿵쿵 튀어 올라

- 아이드리(레) 피는 쿵쿵 튀어 올라

약술에 취한 듯 저들의 어눌한 국어 선생은 오늘 기분이 좋다.

- 약쑤레 취:한 듣 저드리(레) 어:눌한 구거 선생은 오늘 기부니 조:타.

# 100 이정록의 「도깨비기둥」

**도깨비기둥** / 이정록

 당신을 만나기 전엔,
 강물과 강물이 만나는 두물머리나 두내받이, 그 물굽이쯤이 사랑인 줄 알았어요
 피가 쏠린다는 말, 배냇니에 씹히는 세상 어미들의 젖꼭지쯤으로만 알았어요
 바람이 든다는 말, 장다리꽃대로 빠져나간 무의 숭숭한 가슴 정도로만 알았어요

 당신을 만난 뒤에야, 겨울밤
 강줄기 하나가 쩡쩡 언 발을 떼어내며 달려오다가, 또 다른 강물의 얼음 진군과 맞닥뜨릴 때!
 그 자리, 그 상앗빛, 그 솟구침, 그 얼음 울음, 그 빠개짐을 알게 되었지요
 〉

당신을 만나기 전엔,

　얼어붙는다는 말이 뒷골목이나 군인들의 말인 줄만 알았지요 불기둥만이 사랑인 줄 알았어요

　마지막 숨통을 맞대고 강물 깊이 쇄빙선을 처박은 자리, 흰 뼈울음이 얼음기둥으로 솟구쳤지요

　당신을 만난 뒤에야,

　그게 바로 도깨비기둥이란 걸 알았지요 열 길 물속보다 깊은

　한 길 마음만이 주춧돌을 놓을 수 있다는 것을

　강물은 흐르는 게 아니라 쏠리는 것임을


　알았지요, 다 얼어버렸다는 것은 함께 가겠다는 것

　금강金剛기둥으로 지은 울음 한 채, 하늘 주소까지


- 시집 『정말』 (창비, 2010) 24~25쪽


### 원본 또는 정본 확인과정

이정록 시인의 시집 『정말』(창비, 2010)에서 원본을 발췌하였다.

### 참고본 또는 이본

참고본 또는 이본이 없다.

## 시인소개

**이정록시인, 전 중고등학교 교사**

출생 : 1964년 9월 5일, 충남 홍성군

소속 : 이야기발명연구소 소장

학력 : 고려대학교 대학원 문학예술학과 수료

데뷔 : 1993년 동아일보 신춘문예 시부문 당선

경력 : 2022.~ 이야기발명연구소 소장 ]

## 시의 이해

시인의 시작노트 : 북한강과 남한강이 얼음으로 진격하다 만나는 자리에 도깨비기둥이 솟구친다. 기둥 하나 깎는데 일 년이다. 하지만 봄이 되면 다시 푸른 강물이다. 그저 쏠림뿐이다. 그 상앗빛 뼈 울음에 주춧돌이 되리니, 사랑아, 하늘주소까지 함께 흘러가자. (이정록)

## 발음 연구

'장단음의 구분' '된소리, 거센소리'를 잘 구분하여 낭송하여야 한다.

## 장단음 연구

〈장음〉

말:, 배:냇니에, 세:상, 빠:져나간, 무:의, 뒤:에야, 언:, 진:군과, 알:게, 말:이, 뒷:골목이나, 말:인, 숨:통을, 쇄:빙선을, 다:, 주:소까지.

### 된소리, 거센소리, 예사소리

〈된소리=경음화〉

물굽이쯤이-물꾸비쯔미, 젖꼭지쯤으로만-젇꼭찌쯔므로만, 장다리꽃대로-장다리꼳때로, 겨울밤-겨울빰, 강줄기-강쭐기, 맞닥뜨릴 때!-맏딱뜨릴 때!, 상아빛-상아(앋)삗, 솟구침-솓꾸침, 되었지요-되얻찌요, 뒷골목이나-뒫:꼴모기나, 알았지요-아랃찌요, 불기둥만이-불끼둥마니, 맞대고-맏때고, 솟구쳤지요-솓꾸첟찌요, 열 길-열 길(낄), 물속보다-물쏙보다, 주춧돌을-주춛또를, 노을 수-노을 수(쑤), 있다는-읻따는, 얼어버렸다는-어러버렫따는, 가겠다는-가겓따는,

〈거센소리=격음화〉

씹히는-씨피는,

### 조사 '의'의 발음

이 시에는 다음과 같이 조사 '의'가 등장한다.

　'배냇니에 씹히는 세상 어미들의 젖꼭지쯤으로만 알았어요'
　'장다리꽃대로 빠져나간 무의 숭숭한 가슴'
　'또 다른 강물의 얼음 진군과 맞닥뜨릴 때!'
　'뒷골목이나 군인들의 말인 줄만 알았지요'

'에'로 발음하여도 시어의 전달에는 무리가 없으나 '의'로 발음하는 것이 좋다.

### 띄어읽기와 끊어읽기

　행의 단위가 길게 이루어져 있다. 문맥상 혼돈이 오지 않도록 의미와 이미지가 손상되지 않도록 '띄어읽기'에 유의하여야 한다.

특히,
　'당신을 만난 뒤에야,
　그게 바로 도깨비기둥이란 걸 알았지요 열 길 물속보다 깊은
　한 길 마음만이 주춧돌을 놓을 수 있다는 것을
　강물은 흐르는 게 아니라 쏠리는 것임을

　알았지요, 다 얼어버렸다는 것은 함께 가겠다는 것
　금강金剛기둥으로 지은 울음 한 채, 하늘 주소까지'

시의 마지막 부분에는 '열 길 물속보다 깊은'과 '알았지요'는 '월행시행'으로 강조하는 부분이다. 행과 연을 잘 지켜서 낭송하여야 한다.

### 중요 낱말 및 시어 시구 풀이
도깨비 기둥 : 북한강과 남한강이 만나 얼음기둥을 만든 것을 비유.

### 낭송의 실제

### 도깨비기둥 / 이정록

- 도깨비기둥 / 시 이정록. 낭 : 송 ○○○.

  당신을 만나기 전엔,
 - 당시늘 만나기 저넨,
  강물과 강물이 만나는 두물머리나 두내반이, 그 물굽이쯤이 사랑인 줄 알았어요
 - 강물과 강무리 만나는 두물머리나 두내바지, 그 물꾸비쯔미 사랑인 줄 아라써요

  피가 쏠린다는 말, 배냇니에 씹히는 세상 어미들의 젖꼭지쯤으로만 알았어요
 - 피가 쏠린다는 말:, 배:낸니에 씨피는 세:상 어미드리(레) 젇꼭찌쯔므로만 아라써요
  바람이 든다는 말, 장다리꽃대로 빠져나간 무의 숭숭한 가슴 정도로만 알았어요
 - 바라미 든다는 말:, 장다리꼳때로 빠:져나간 무:의 숭숭한 가슴 정도로만 아라써요

  당신을 만난 뒤에야, 겨울밤

− 당시늘 만난 뒤:에야, 겨울빰

 강줄기 하나가 쩡쩡 언 발을 떼어내며 달려오다가, 또 다른 강물의 얼음 진군과 맞닥뜨릴 때!

 − 강쭐기 하나가 쩡쩡 언: 바를 떼어내며 달려오다가, 또 다른 강무리(레) 어름 진:군과 맏딱뜨릴 때!

 그 자리, 그 상앗빛, 그 솟구침, 그 얼음 울음, 그 빠개짐을 알게 되었지요

 − 그 자리, 그 상아(앋)삗, 그 솓꾸침, 그 어름 우름, 그 빠개짐을 알:게 되얻찌요


 당신을 만나기 전엔,

 − 당시늘 만나기 저넨,

 얼어붙는다는 말이 뒷골목이나 군인들의 말인 줄만 알았지요 불기둥만이 사랑인 줄 알았어요

 − 어러분는다는 마:리 뒫:꼴모기나 구닌드릐(레) 마:린 줄만 아랃찌요 불끼둥마니 사랑인 줄 아라써요

 마지막 숨통을 맞대고 강물 깊이 쇄빙선을 처박은 자리, 흰 뼈울음이 얼음기둥으로 솟구쳤지요

 − 마지막 숨:통을 맏때고 강물 기피 쇄:빙서늘 처바근 자리, 힌 뼈우르미 어름기둥으로 솓꾸쳗찌요

 당신을 만난 뒤에야,

 − 당시늘 만난 뒤:에야,

183

그게 바로 도깨비기둥이란 걸 알았지요 열 길 물속보다 깊은
- 그게 바로 도깨비기둥이란 걸 아랃찌요 열 길(낄) 물쏙보다 기픈

한 길 마음만이 주춧돌을 놓을 수 있다는 것을
- 한 길 마음마니 주춛또를 노을 수(쑤) 읻따는 거슬

강물은 흐르는 게 아니라 쏠리는 것임을
- 강무른 흐르는 게 아니라 쏠리는 거시믈


알았지요, 다 얼어버렸다는 것은 함께 가겠다는 것
- 아랃찌요, 다ː 어러버렫따는 거슨 함께 가겓따는 걷

금강金剛기둥으로 지은 울음 한 채, 하늘 주소까지
- 금강金剛기둥으로 지은 우름 한 채, 하늘 주ː소까지

| 부록 |

# 원본과 정본 그리고 발음법

# 1 사평역에서 / 곽재구

막차는 좀처럼 오지 않았다
대합실 밖에는 밤새 송이눈이 쌓이고
흰 보라 수수꽃 눈시린 유리창마다
톱밥난로가 지펴지고 있었다
그믐처럼 몇은 졸고
몇은 감기에 쿨럭이고
그리웠던 순간들을 생각하며 나는
한줌의 톱밥을 불빛 속에 던져주었다
내면 깊숙이 할 말들은 가득해도
청색의 손바닥을 불빛 속에 적셔두고
모두들 아무 말도 하지 않았다
산다는 것이 때론 술에 취한 듯
한 두름의 굴비 한 광주리의 사과를
만지작거리며 귀향하는 기분으로
침묵해야 한다는 것을
모두들 알고 있었다
오래 앓은 기침 소리와
쓴 약 같은 입술담배 연기 속에서
싸륵싸륵 눈꽃은 쌓이고

그래 지금은 모두들
눈꽃의 화음에 귀를 적신다
자정 넘으면
낯설음도 뼈아픔도 다 설원인데
단풍잎 같은 몇 잎의 차창을 달고
밤열차는 또 어디로 흘러가는지
그리웠던 순간들을 호명하며 나는
한줌의 눈물을 불빛 속에 던져주었다.


- 창비시선 40『사평역에서』. 개정판 34쇄 발행 / 2018년 8월 1일. 118~119쪽.


## 1. 사평역에서 / 곽재구

- 사평여게서 / 시 곽재구. 낭:송 ○○○.

막차는 좀처럼 오지 않았다
- 막차는 좀ː처럼 오지 아낟따

대합실 밖에는 밤새 송이눈이 쌓이고
- 대ː합씰 바께는 밤새(쌔) 송이누니 싸이고

흰 보라 수수꽃 눈시린 유리창마다
- 힌 보라 수수꼳 눈시린 유리창마다

톱밥난로가 지펴지고 있었다

- 톱빰날로가 지펴지고 이썬따

그믐처럼 몇은 졸고

- 그음처럼 며츤 졸ː고

몇은 감기에 쿨럭이고

- 며츤 감ː기에 쿨러기고

그리웠던 순간들을 생각하며 나는

- 그리원떤 순간드를 생가카며 나는

한줌의 톱밥을 불빛 속에 던져주었다

- 한주믜(메) 톱빠블 불삗 소ː게 던저주얻따

내면 깊숙이 할 말들은 가득해도

- 내ː면 깁쑤기 할 말ː드른 가드캐도

청색의 손바닥을 불빛 속에 적셔두고

- 청새긔(게) 손빠다글 불삗 소ː게 적쎠두고

모두들 아무 말도 하지 않았다

- 모두들 아ː무 말ː도 하지 아낟따

산다는 것이 때론 술에 취한 듯

- 산ː다는 것이 때론 수레 취ː한 듣

한 두름의 굴비 한 광주리의 사과를

- 한 두르믜(메) 굴비 한 광주리의(에) 사과를

만지작거리며 귀향하는 기분으로

- 만지작꺼리며 귀ː향하는 기부느로

침묵해야 한다는 것을

- 침무캐야 한다는 거슬

모두들 알고 있었다

- 모두들 알ː고 이썯따

오래 앓은 기침 소리와

- 오래 아른 기침 소리와

쓴 약 같은 입술담배 연기 속에서

- 쓴 약 가튼 입쑬담배 연기 소ː게서

싸륵싸륵 눈꽃은 쌓이고

- 싸륵싸륵 눈ː꼬츤 싸이고

그래 지금은 모두들

- 그래 지그믄 모두들

눈꽃의 화음에 귀를 적신다

- 눈ː꼬최(체) 화으메 귀를 적씬다

자정 넘으면

- 자정 너므면

낯설음도 뼈아픔도 다 설원인데

- 낟써름도 뼈아픔도 다ː 서뤄닌데

단풍잎 같은 몇 잎의 차창을 달고

- 단풍닙 가튼 멷 이픠(페)(면니픠(페)) 차창을 달고

밤열차는 또 어디로 흘러가는지

- 밤열차는 또 어디로 흘러가는지

그리웠던 순간들을 호명하며 나는
- 그리원떤 순간드를 호명하며 나는

한줌의 눈물을 불빛 속에 던져주었다.
- 한주믜(에) 눈무를 불삩 소ː게 던저주얻따.

## 2 어느 대나무의 고백 / 복효근

늘 푸르다는 것 하나로
내게서 대쪽 같은 선비의 풍모를 읽고 가지만
내 몸 가득 칸칸이 들어찬 어둠 속에
터질 듯한 공허와 회의를 아는가
고백컨대
나는 참새 한 마리의 무게로도 휘청댄다
흰 눈 속에서도 하늘 찌르는 기개를 운운하지만
바람이라도 거세게 불라치면
허리뼈가 뻐개지도록 휜다 흔들린다
제 때에 이냥 베어져서
난세의 죽창이 되어 피 흘리거나
태평성대 향기로운 대피리가 되는,
정수리 깨치고 서늘하게 울려퍼지는 장군죽비
하다못해 세상의 종아리를 후려치는 회초리의 꿈마저
꿈마저 꾸지 않는 것은 아니나
흉흉하게 들려오는 세상의 바람소리에
어둠 속에서 먼저 떨었던 것이다
아아, 고백하건대
그 놈의 꿈들 때문에 서글픈 나는

생의 맨 끄트머리에나 있다고 하는 그 꽃을 위하여
시들지도 못하고 휘청, 흔들리며, 떨며 다만,
하늘 우러러 견디고 서있는 것이다


- 시집 『어느 대나무의 고백』 (문학의 전당, 2006). 74~75쪽.


## 2. 어느 대나무의 고백 / 복효근
- 어느 대나무의 고ː백 / 시 복효근. 낭ː송 ○○○.


늘 푸르다는 것 하나로
- 늘 푸르다는 걸 하나로

내게서 대쪽 같은 선비의 풍모를 읽고 가지만
- 내게서 대쪽 가튼 선비의(에) 풍모를 일꼬 가지만

내 몸 가득 칸칸이 들어찬 어둠 속에
- 내 몸 가득 칸카니 드러찬 어둠 소ː게

터질 듯한 공허와 회의를 아는가
- 터ː질 드탄(터ː질뜨탄) 공허와 훼이(회의)를 아ː는가

고백컨대
- 고ː백컨대

나는 참새 한 마리의 무게로도 휘청댄다
- 나는 참새 한 마리의(에) 무게로도 휘청댄다

흰 눈 속에서도 하늘 찌르는 기개를 운운하지만

– 힌 눈: 소:게서도 하늘 찌르는 기개를 우눈하지만

바람이라도 거세게 불라치면

– 바라미라도 거세게 불:라치면

허리뼈가 뼈개지도록 휜다 흔들린다

– 허리뼈가 뼈개지도록 휜다 흔들린다

제 때에 이냥 베어져서

– 제 때에 이냥 베어저서

난세의 죽창이 되어 피 흘리거나

– 난:세의(에) 죽창이 되어 피 흘리거나

태평성대 향기로운 대피리가 되는,

– 태평성대 향기로운 대피리가 되는,

정수리 깨치고 서늘하게 울려퍼지는 장군죽비

– 정수리 깨치고 서늘하게 울려퍼지는 장군죽삐

하다못해 세상의 종아리를 후려치는 회초리의 꿈마저

– 하다모태 세:상의(에) 종:아리를 후려치는 회초리의(에) 꿈마저

꿈마저 꾸지 않는 것은 아니나

– 꿈마저 꾸지 안는 거슨 아니나

흉흉하게 들려오는 세상의 바람소리에

– 흉흉하게 들려오는 세:상의(에) 바람쏘리에

어둠 속에서 먼저 떨었던 것이다

– 어둠 소:게서 먼저 떠럳떤 거시다

아아, 고백하건대

- 아아, 고ː배카건대

그 놈의 꿈들 때문에 서글픈 나는

- 그 노믜(에) 꿈들 때무네 서글픈 나는

생의 맨 끄트머리에나 있다고 하는 그 꽃을 위하여

- 생의(에) 맨ː 끄트머리에나 읻따고 하는 그 꼬츨 위하여

시들지도 못하고 휘청, 흔들리며, 떨며 다만,

- 시들지도 모ː타고 휘청, 흔들리며, 떨ː며 다ː만,

하늘 우러러 견디고 서있는 것이다

- 하늘 우러러 견디고 서인는 거시다

# 3 뼈저린 꿈에서만 / 전봉건

그리라 하면
그리겠습니다.
개울물에 어리는 풀포기 하나
개울 속에 빛나는 돌멩이 하나
그렇습니다 고향의 것이라면
무엇 하나도 빠뜨리지 않고
지금도 똑똑하게 틀리는 일 없이
얼마든지 그리겠습니다.

말을 하라면
말하겠습니다.
우물가에 늘어선 미루나무는 여섯 그루
우물 속에 노니는 큰 붕어도 여섯 마리
그렇습니다 고향의 일이라면
무엇 하나도 빠뜨리지 않고
지금도 생생하게 틀리는 일 없이
얼마든지 말하겠습니다.

마당 끝 큰 홰나무 아래로

삶은 강냉이 한 바가지 드시고
나를 찾으시던 어머님의 모습.
가만히 옮기시던
그 발걸음 하나하나
조용히 웃으시던
그 얼굴의 빛무늬 하나하나
나는 지금도 말하고 그릴 수가 있습니다.

그러나 아무리 애써도 한 가지만은
그러나 아무리 몸부림쳐도 그것만은
내가 그리질 못하고 말도 못 합니다.
강이 산으로 변하길 두 번
산이 강으로 변하길 두 번
그리고도 더 많이 흐른 세월이
가로 세로 파놓은 어머님 이마의
어둡고 아픈 주름살.

어머님
꿈에 보는 어머님 주름살을
말로 하려면 목이 먼저 메이고
어머님
꿈에 보는 어머님 주름살을

그림으로 그리려면 눈앞이 먼저 흐려집니다.

아아 이십육 년

뼈저린 꿈에서만 뫼시는 어머님이시여.

- 『전봉건 시전집』 (전봉건 지음. 남진우 엮음) (문학동네. 2008. 12. 15.) 504~505쪽.

## 3. 뼈저린 꿈에서만 / 전봉건
- 뼈저린 꾸메서만 / 시 전봉건. 낭 : 송 ○○○.

그리라 하면
- 그 : 리라 하면

그리겠습니다.
- 그 : 리겐씀니다.

개울물에 어리는 풀포기 하나
- 개울무레 어리는 풀포기 하나

개울 속에 빛나는 돌멩이 하나
- 개울 소 : 게 빈나는 돌 : 멩이 하나

그렇습니다 고향의 것이라면
- 그러씀니다 고향의(에) 거시라면

무엇 하나도 빠뜨리지 않고

- 무얻 하나도 빠:뜨리지 안코

지금도 똑똑하게 틀리는 일 없이

- 지금도 똑또카게 틀리는 일: 업:씨

얼마든지 그리겠습니다.

- 얼마든지 그:리겓씀니다.


말을 하라면

- 마:를 하라면

말하겠습니다.

- 말:하겓씀니다

우물가에 늘어선 미루나무는 여섯 그루

- 우물까에 느러선 미루나무는 여섣 그루

우물 속에 노니는 큰 붕어도 여섯 마리

- 우물 소:게 노:니는 큰 붕:어도 여섣 마리

그렇습니다 고향의 일이라면

- 그러씀니다 고향의(에) 이:리라면

무엇 하나도 빠뜨리지 않고

- 무얻 하나도 빠:뜨리지 안코

지금도 생생하게 틀리는 일 없이

- 지금도 생생하게 틀리는 일: 업:씨

얼마든지 말하겠습니다.

- 얼마든지 말:하겓씀니다

〉

마당 끝 큰 홰나무 아래로

- 마당 끋 큰 홰ː나무 아래로

삶은 강냉이 한 바가지 드시고

- 살믄 강냉이 한 바가지 드시고

나를 찾으시던 어머님의 모습.

- 나를 차즈시던 어머니믜(메) 모습

가만히 옮기시던

- 가만히 옴기시던

그 발걸음 하나하나

- 그 발꺼름 하나하나

조용히 웃으시던

- 조용히 우ː스시던

그 얼굴의 빛무늬 하나하나

- 그 얼구릐(레) 빈무니 하나하나

나는 지금도 말하고 그릴 수가 있습니다.

- 나는 지금도 말ː하고 그ː릴 수가(쑤가) 읻씀니다.


그러나 아무리 애써도 한 가지만은

- 그러나 아ː무리 애ː써도 한 가지마는

그러나 아무리 몸부림쳐도 그것만은

- 그러나 아ː무리 몸부림처도 그건마는

내가 그리질 못하고 말도 못 합니다.

- 내가 그ː리질 모ː타고 말ː도 몯ː 함니다.

강이 산으로 변하길 두 번

- 강이 사느로 변ː하길 두ː 번

산이 강으로 변하길 두 번

- 사니 강으로 변ː하길 두ː 번

그리고도 더 많이 흐른 세월이

- 그리고도 더 마ː니 흐른 세ː워리

가로 세로 파놓은 어머님 이마의

- 가로 세ː로 파노은 어머님 이마의(에)

어둡고 아픈 주름살.

- 어둡꼬 아픈 주름쌀.


어머님

- 어머님

꿈에 보는 어머님 주름살을

- 꾸메 보는 어머님 주름싸를

말로 하려면 목이 먼저 메이고

- 말ː로 하려면 모기 먼저 메이고

어머님

- 어머님

꿈에 보는 어머님 주름살을

- 꾸메 보는 어머님 주름싸를

그림으로 그리려면 눈앞이 먼저 흐려집니다.

- 그ː리므로 그ː리려면 누나피 먼저 흐려짐니다.

아아 이십육 년

- 아아 이ː심육 년

뼈저린 꿈에서만 뫼시는 어머님이시여.

- 뼈저린 꾸메서만 뫼ː시는 어머니미시여.

## 4 둥근, 어머니의 두레밥상 / 정일근

모난 밥상을 볼 때마다 어머니의 두레밥상이 그립다.
고향 하늘에 떠오르는 한가위 보름달처럼
달이 뜨면 피어나는 달맞이꽃처럼
어머니의 두레밥상은 어머니가 피우시는 사랑의 꽃밭.
내 꽃밭에 앉는 사람 누군들 귀하지 않겠느냐,
식구들 모이는 날이면 어머니가 펼치시던 두레밥상.
둥글게 둥글게 제비새끼처럼 앉아
어린 시절로 돌아간 듯 밥숟가락 높이 들고
골고루 나눠주시는 고기반찬 착하게 받아먹고 싶다.
세상의 밥상은 이전투구의 아수라장
한 끼 밥을 차지하기 위해
혹은 그 밥그릇을 지키기 위해, 우리는
이미 날카로운 발톱을 가진 짐승으로 변해 버렸다.
밥상에서 밀리면 벼랑으로 밀리는 정글의 법칙 속에서
나는 오랫동안 하이에나처럼 떠돌았다.
짐승처럼 썩은 고기를 먹기도 하고, 내가 살기 위해
남의 밥상을 엎어버렸을 때도 있었다.
이제는 돌아가 어머니의 둥근 두레밥상에 앉고 싶다.
어머니에게 두레는 모두를 귀히 여기는 사랑

귀히 여기는 것이 진정한 나눔이라 가르치는
어머니의 두레밥상에 지지배배 즐거운 제비새끼로 앉아
어머니의 사랑 두레먹고 싶다.

- 『제18회 소월시 문학상 작품집』(문학사상사, 2003).15~16쪽.

## 4. 둥근, 어머니의 두레밥상 / 정일근

- 둥근, 어머니의 두레밥쌍 / 시 정일근. 낭송 ○○○.

모난 밥상을 볼 때마다 어머니의 두레밥상이 그립다.
- 모난 밥쌍을 볼 때마다 어머니의(에) 두레밥쌍이 그립따.
고향 하늘에 떠오르는 한가위 보름달처럼
- 고향 하느레 떠오르는 한가위 보름딸처럼
달이 뜨면 피어나는 달맞이꽃처럼
- 다리 뜨면 피어나는 달마지꼳처럼
어머니의 두레밥상은 어머니가 피우시는 사랑의 꽃밭.
- 어머니의(에) 두레밥쌍은 어머니가 피우시는 사랑의(에) 꼳빧.
내 꽃밭에 앉는 사람 누군들 귀하지 않겠느냐,
- 내 꼳빠테 안는 사ː람 누군들 귀ː하지 안켄느냐,
식구들 모이는 날이면 어머니가 펼치시던 두레밥상.

- 식꾸들 모이는 나리면 어머니가 펼치시던 두레밥쌍.

둥글게 둥글게 제비새끼처럼 앉아

- 둥글게 둥글게 제ː비새끼처럼 안자

어린 시절로 돌아간 듯 밥숟가락 높이 들고

- 어린 시절로 도라간 듣 밥쑫까락 노피 들고

골고루 나눠주시는 고기반찬 착하게 받아먹고 싶다.

- 골고루 나눠주시는 고기반찬 차카게 바다먹꼬 십따.

세상의 밥상은 이전투구의 아수라장

- 세ː상의(에) 밥쌍은 이전투구의(에) 아수라장

한 끼 밥을 차지하기 위해

- 한 끼 바블 차지하기 위해

혹은 그 밥그릇을 지키기 위해, 우리는

- 호근 그 밥끄르슬 지키기 위해, 우리는

이미 날카로운 발톱을 가진 짐승으로 변해 버렸다.

- 이ː미 날카로운 발토블 가진 짐승으로 변ː해 버렫따.

밥상에서 밀리면 벼랑으로 밀리는 정글의 법칙 속에서

- 밥쌍에서 밀리면 벼랑으로 밀리는 정그릐(레) 법칙 소ː게서

나는 오랫동안 하이에나처럼 떠돌았다.

- 나는 오래똥안 하이에나처럼 떠도랃따.

짐승처럼 썩은 고기를 먹기도 하고, 내가 살기 위해

- 짐승처럼 써근 고기를 먹끼도 하고, 내가 살ː기 위해

남의 밥상을 엎어버렸을 때도 있었다.

- 나믜(메) 밥쌍을 어퍼버려쓸 때도 이썬따.

이제는 돌아가 어머니의 둥근 두레밥상에 앉고 싶다.

- 이제는 도라가 어머니의(에) 둥근 두레밥쌍에 안꼬 십따.

어머니에게 두레는 모두를 귀히 여기는 사랑

- 어머니에게 두레는 모두를 귀ː히 여기는 사랑

귀히 여기는 것이 진정한 나눔이라 가르치는

- 귀ː히 여기는 거시 진정한 나누미라 가르치는

어머니의 두레밥상에 지지배배 즐거운 제비새끼로 앉아

- 어머니의(에) 두레밥쌍에 지지배배 즐거운 제ː비새끼로 안자

어머니의 사랑 두레먹고 싶다.

- 어머니의(에) 사랑 두레먹꼬 십따.

# 5 태양의 각문 / 김남조

　가을을 감고 우리 산 속에 있었습니다
　하늘이 기旗폭처럼 펄럭이고 태양은 익은 석류처럼 파열했습니다
당신은 낙엽을 깔고 향수를 처음 안 소년처럼 구름을 바라보고 나는
당신과 가을을 느끼기에 한때 죄를 잊었습니다

　마치 사람이 처음으로 자기 벗었음을 알던 옛날 에덴의 경이 같은
것이 분수처럼 가슴에 뿜어 오르고
　만산 피 같은 홍엽,
　만산 불 같은 홍엽,
　아니 아니 만산 그리움 같은 그리움 같은 홍엽에서 모든 사랑의 전
설들이 검붉은 포도주로 뚝뚝 떨어졌습니다

　청량한 과즙처럼 바람이 불어오고 바람이 스쳐갈 뿐, 사방 광막한
하루의 천지가 다만 가을과 당신만으로 가득 차고 나는 차라리 열병
앓는 소녀였음이여
　사랑한다는 건 참말로 사랑한다는 건 또 하나의 나 또 하나의 내
목숨을 숨막히도록 느끼는 것이었습니다 또 하나의 나, 또 하나의 내
목숨, 아아 응혈처럼 뜨거운 것이 흘러내리고……
　〉

나는 비수처럼 한 이름을 던져 저기 피 흐르게 태양에 꽂았으니 그
것은 이 커다란 우주 속에서 내가 사랑한 그 으뜸의 이름이었습니다

-『김남조 시전집』1집~15집. (국학자료원 2005. 01. 15). 66~67쪽.

## 5. 태양의 각문 / 김남조

- 태양의 강문 / 시 김남조. 낭:송 ○○○.

　가을을 감고 우리 산 속에 있었습니다
　하늘이 기旗폭처럼 펄럭이고 태양은 익은 석류처럼 파열했습니다
당신은 낙엽을 깔고 향수를 처음 안 소년처럼 구름을 바라보고 나는
당신과 가을을 느끼기에 한때 죄를 잊었습니다
　- 가으를 감:꼬 우리 산 소:게 이썯씀니다
　- 하느리 기폭처럼 펄러기고 태양은 이근 성뉴처럼 파:열핻씀니
다 당시는 나겨블 깔고 향수를 처음 안: 소:년처럼 구르믈 바라보
고 나는 당신과 가으를 느끼기에 한때 죄:를 이전씀니다

　마치 사람이 처음으로 자기 벗었음을 알던 옛날 에덴의 경이 같은
것이 분수처럼 가슴에 뿜어 오르고
　만산 피 같은 홍엽,
　만산 불 같은 홍엽,

아니 아니 만산 그리움 같은 그리움 같은 홍엽에서 모든 사랑의 전설들이 검붉은 포도주로 뚝뚝 떨어졌습니다

　- 마치 사ː라미 처으므로 자기 버서쓰믈 알ː던 옌ː날 에데늭(네) 경이 가튼 거시 분ː수처럼 가스메 뿌ː머 오르고
　- 만ː산 피 가튼 홍엽,
　- 만ː산 불 가튼 홍엽,
　- 아니 아니 만ː산 그리움 가튼 그리움 가튼 홍여베서 모ː든 사랑의(에) 전설드리 검ː불근 포도주로 뚝뚝 떠러젿씀니다

　청량한 과즙처럼 바람이 불어오고 바람이 스쳐갈 뿐, 사방 광막한 하루의 천지가 다만 가을과 당신만으로 가득 차고 나는 차라리 열병 앓는 소녀였음이여
　사랑한다는 건 참말로 사랑한다는 건 또 하나의 나 또 하나의 내 목숨을 숨막히도록 느끼는 것이었습니다 또 하나의 나, 또 하나의 내 목숨, 아아 응혈처럼 뜨거운 것이 흘러내리고……

　- 청냥한 과ː즙처럼 바라미 부러오고 바라미 스처갈 뿐, 사ː방 광ː마칸 하루의(에) 천지가 다ː만 가을과 당신마느로 가득 차고 나는 차라리 열병 알른 소ː녀여쓰미여
　- 사랑한다는 건 참말로 사랑한다는 건 또 하나의(에) 나 또 하나의(에) 내 목쑤믈 숨ː마키도록 느끼는 거시얻씀니다 또 하나의(에) 나, 또 하나의(에) 내 목쑴, 아아 응ː혈처럼 뜨거운 거시 흘러내리고……

〉

나는 비수처럼 한 이름을 던져 저기 피 흐르게 태양에 꽂았으니 그것은 이 커다란 우주 속에서 내가 사랑한 그 으뜸의 이름이었습니다

- 나는 비:수처럼 한 이르믈 던저 저기 피 흐르게 태양에 꼬자쓰니 그거슨 이 커:다란 우:주 소:게서 내가 사랑한 그 으뜨믜(메) 이르미얻씀니다

# 6 연리지連理枝 / 황봉학

손 한번 맞닿은 죄로
당신을 사랑하기 시작하여
송두리째 나의 전부를 당신에게 걸었습니다
이제 떼어놓으려 해도 떼어놓을 수 없는 당신과 나는
한뿌리 한줄기 한잎사귀로 숨을 쉬는
연리지連理枝입니다

단지 입술 한번 맞닿은 죄로
나의 가슴 전부를 당신으로 채워버려
당신 아닌 그 무엇도 받아들이지 못하는 나는
몸도 마음도 당신과 하나가 되어
당신에게만 나의 마음을 주는
연리지連理枝입니다

이 몸 당신에게 주어버린 죄로
이제 한몸뚱어리가 되어
당신에게서 피를 받고
나 또한 당신에게 피를 나누어주는
어느 한 몸 죽더라도
그 고통 함께 느끼는 연리지連理枝입니다

〉
이 세상 따로 태어나
그 인연 어디에서 왔기에
두 몸이 함께 만나 한몸이 되었을까요
이 몸 살아가는 이유가 당신이라 하렵니다
당신의 체온으로 이 몸 살아간다 하렵니다
당신과 한몸으로 살아가는 이 행복
진정 아름답다 하렵니다.


* 연리지(連理枝): 두 나뭇가지가 맞닿아서 같이 살아감,
  서로 마음이 통하는 것으로 부부 또는 연인을 비유하는 말.


- 황봉학 시집 『눈 시리도록 보고픈 사람』중외출판사. 2005. 76~77쪽.




## 6. 연리지(連理枝) / 황봉학.
- 열리지 / 시 황봉학. 낭:송 ○○○.


손 한번 맞닿은 죄로
- 손 한번 맏따은 죄:로

당신을 사랑하기 시작하여
- 당시늘 사랑하기 시:자카여

송두리째 나의 전부를 당신에게 걸었습니다
- 송두리째 나의(에) 전부를 당시네게 거럳씀니다
이제 떼어놓으려 해도 떼어놓을 수 없는 당신과 나는
- 이제 떼어노으려 해:도 떼어노을 수(쑤) 엄:는 당신과 나는
한뿌리 한줄기 한잎사귀로 숨을 쉬는
- 한뿌리 한줄기 한입싸귀로 수:을 쉬:는
연리지連理枝입니다
- 열리지임니다


단지 입술 한번 맞닿은 죄로
- 단:지 입쑬 한번 맏따은 죄:로
나의 가슴 전부를 당신으로 채워버려
- 나의(에) 가슴 전부를 당시느로 채워버려
당신 아닌 그 무엇도 받아들이지 못하는 나는
- 당신 아닌 그 무얻또 바다드리지 모:타는 나는
몸도 마음도 당신과 하나가 되어
- 몸도 마음도 당신과 하나가 되어
당신에게만 나의 마음을 주는
- 당시네게만 나의(에) 마으을 주는
연리지連理枝입니다
- 열리지임니다


이 몸 당신에게 주어버린 죄로
- 이 몸 당시네게 주어버린 죄:로

이제 한몸뚱어리가 되어
- 이제 한몸뚱어리가 되어
당신에게서 피를 받고
- 당시네게서 피를 받꼬
나 또한 당신에게 피를 나누어주는
- 나 또한 당시네게 피를 나누어주는
어느 한 몸 죽더라도
- 어느 한 몸 죽떠라도
그 고통 함께 느끼는 연리지連理枝입니다
- 그 고통 함께 느끼는 열리지임니다

이 세상 따로 태어나
- 이 세:상 따로 태어나
그 인연 어디에서 왔기에
- 그 이년 어디에서 왇끼에
두 몸이 함께 만나 한몸이 되었을까요
- 두: 모미 함께 만나 한모미 되어쓸까요
이 몸 살아가는 이유가 당신이라 하렵니다
- 이 몸 사라가는 이:유가 당시니라 하렴니다
당신의 체온으로 이 몸 살아간다 하렵니다
- 당시늬(네) 체오느로 이 몸 사라간다 하렴니다
당신과 한몸으로 살아가는 이 행복
- 당신과 한모므로 사라가는 이 행:복
진정 아름답다 하렵니다.
- 진정 아름답따 하렴니다

# 7 쉬 / 문인수

그의 상가엘 다녀왔습니다.

환갑을 지난 그가 아흔이 넘은 그의 아버지를 안고 오줌을 뉜 이야기를 들었습니다. 生의 여러 요긴한 동작들이 노구를 떠났으므로, 하지만 정신은 아직 초롱 같았으므로 노인께서 참 난감해하실까봐 "아버지, 쉬, 쉬이, 어이쿠, 어이쿠, 시원허시것다아" 농하듯 어리광 부리듯 그렇게 오줌을 뉘었다고 합니다.

온몸, 온몸으로 사무쳐 들어가듯 아, 몸 갚아드리듯 그렇게 그가 아버지를 안고 있을 때 노인은 또 얼마나 더 작게, 더 가볍게 몸 움츠리려 애썼을까요. 툭, 툭, 끊기는 오줌발, 그러나 그 길고 긴 뜨신 끈, 아들은 자꾸 안타까이 따에 붙들어매려 했을 것이고, 아버지는 이제 힘겹게 마저 풀고 있었겠지요. 쉬-

쉬! 우주가 참 조용하였겠습니다.

- 시집『쉬!』(문학동네, 2006). 14쪽.

# 7. 쉬 / 문인수

- 쉬 : / 시 문인수. 낭 : 송 ○○○.

그의 상가엘 다녀왔습니다.

- 그의(에) 상가엘 다녀왔씀니다.

환갑을 지난 그가 아흔이 넘은 그의 아버지를 안고 오줌을 뉜 이야기를 들었습니다. 生의 여러 요긴한 동작들이 노구를 떠났으므로, 하지만 정신은 아직 초롱 같았으므로 노인께서 참 난감해하실까봐 "아버지, 쉬, 쉬이, 어이쿠, 어이쿠, 시원허시것다아" 농하듯 어리광 부리듯 그렇게 오줌을 뉘었다고 합니다.

- 환:가블 지난 그가 아흐니 너은 그의(에) 아버지를 안:꼬 오주믈 뉜: 이야기를 드럳씀니다. 生의(에) 여러 요긴한 동작뜨리 노:구를 떠나쓰므로, 하지만 정시는 아직 초롱 가타쓰므로 노:인께서 참 난:감해하실까봐 "아버지, 쉬:, 쉬:이, 어이쿠, 어이쿠, 시원허시걷따아" 농:하든 어리광 부리든 그러케 오주믈 뉘:얻따고 함니다.

온몸, 온몸으로 사무쳐 들어가듯 아, 몸 깊아드리듯 그렇게 그가 아버지를 안고 있을 때 노인은 또 얼마나 더 작게, 더 가볍게 몸 움츠리려 애썼을까요. 툭, 툭, 끊기는 오줌발, 그러나 그 길고 긴 뜨신 끈, 아들은 자꾸 안타까이 따에 붙들어매려 했을 것이고, 아버지는 이제 힘겹게 마저 풀고 있었겠지요. 쉬-

- 온:몸, 온:모므로 사무처 드러가든 아, 몸 가파드리든 그러케 그가 아버지를 안:꼬 이쓸 때 노:이는 또 얼마나 더 자:께, 더 가

볍께 몸 움츠리려 애:써쓸까요. 툭, 툭, 끈키는 오줌빨, 그러나 그 길:고 긴: 뜨신 끈, 아드른 자꾸 안타까이 따에 부뜨러매려 해:쓸 거시고(꺼시고), 아버지는 이제 힘겹게 마저 풀고 이썯껟찌요. 쉬:-

쉬! 우주가 참 조용하였겠습니다.

- 쉬! 우:주가 참 조용하엳껟씀니다.

# 8 나와 나타샤와 흰 당나귀 / 백 석

가난한 내가
아름다운 나타샤를 사랑해서
오늘밤은 푹푹 눈이 나린다

나타샤를 사랑은 하고
눈은 푹푹 날리고
나는 혼자 쓸쓸히 앉어 소주를 마신다
소주를 마시며 생각한다
나타샤와 나는
눈이 푹푹 쌓이는 밤 흰 당나귀 타고
산골로 가자 출출이 우는 깊은 산골로 가 마가리에 살자

눈은 푹푹 나리고
나는 나타샤를 생각하고
나타샤가 아니 올 리 없다
언제 벌써 내 속에 고조곤히 와 이야기한다
산골로 가는 것은 세상한테 지는 것이 아니다
세상 같은 건 더러워 버리는 것이다
〉

눈은 푹푹 나리고

아름다운 나타샤는 나를 사랑하고

어데서 흰 당나귀도 오늘밤이 좋아서 응앙응앙 울을 것이다


- 시집『정본 백석 시집』(문학동네, 2007. 02). 95~96쪽.
 (최초 발표: 1938. 3. 여성. 24호.)


## 8. 나와 나타샤와 흰 당나귀 / 백석

- 나와 나타샤와 흰 당나귀 / 시 백석. 낭:송 ○○○.


가난한 내가

- 가난한 내가

아름다운 나타샤를 사랑해서

- 아름다운 나타샤를 사랑해서

오늘밤은 푹푹 눈이 나린다

- 오늘빠은 푹푹 누:니(푹풍누:니) 나린다


나타샤를 사랑은 하고

- 나타샤를 사랑은 하고

눈은 푹푹 날리고

- 누:는 푹푹 날리고(푹풍날리고)

나는 혼자 쓸쓸히 앉아 소주를 마신다

- 나는 혼자 쓸쓸히 안저 소주를 마신다

소주를 마시며 생각한다

- 소주를 마시며 생가칸다

나타샤와 나는

- 나타샤와 나는

눈이 푹푹 쌓이는 밤 흰 당나귀 타고

- 누ː니 푹푹 싸이는 밤 힌 당나귀 타고

산골로 가자 출출이 우는 깊은 산골로 가 마가리에 살자

- 산꼴로 가자 출추리 우ː는 기픈 산꼴로 가 마가리에 살ː자


눈은 푹푹 나리고

- 누ː는 푹푹 나리고(푹풍나리고)

나는 나타샤를 생각하고

- 나는 나타샤를 생가카고

나타샤가 아니 올 리 없다

- 나타샤가 아니 올 리 업ː따

언제 벌써 내 속에 고조곤히 와 이야기한다

- 언ː제 벌써 내 소ː게 고조곤히 와 이야기한다

산골로 가는 것은 세상한테 지는 것이 아니다

- 산꼴로 가는 거슨 세ː상한테 지는 거시 아니다

세상 같은 건 더러워 버리는 것이다

- 세:상 가튼 건 더:러워 버리는 거시다

눈은 푹푹 나리고
- 누:는 푹푹 나리고(푹풍나리고)
아름다운 나타샤는 나를 사랑하고
- 아름다운 나타샤는 나를 사랑하고
어데서 흰 당나귀도 오늘밤이 좋아서 응앙응앙 울을 것이다
- 어데서 힌 당나귀도 오늘빠미 조:아서 응앙응앙 우를 거시다(꺼시다)

# 9 상한 영혼을 위하여 / 고정희

상한 갈대라도 하늘 아래선
한 계절 넉넉히 흔들리거니
뿌리 깊으면야
밑둥 잘리어도 새순은 돋거니
충분히 흔들리자 상한 영혼이여
충분히 흔들리며 고통에게로 가자

뿌리 없이 흔들리는 부평초 잎이라도
물 고이면 꽃은 피거니
이 세상 어디서나 개울은 흐르고
이 세상 어디서나 등불은 켜지듯
가자 고통이여 살 맞대고 가자
외롭기로 작정하면 어딘들 못 가랴
가기로 목숨 걸면 지는 해가 문제랴

고통과 설움의 땅 훨훨 지나서
뿌리 깊은 벌판에 서자
두 팔로 막아도 바람은 불듯
영원한 눈물이란 없느니라

영원한 비탄이란 없느니라

캄캄한 밤이라도 하늘 아래선

마주 잡을 손 하나 오고 있거니


- 시집 『이 시대의 아벨』. 문학과 지성사. 1983. 89쪽~90쪽.


## 9. 상한 영혼을 위하여 / 고정희

- 상한 영호늘 위하여 / 시 고정희. 낭 : 송 ○○○.


상한 갈대라도 하늘 아래선

- 상한 갈때라도 하늘 아래선

한 계절 넉넉히 흔들리거니

- 한 계 : 절 넝너키 흔들리거니

뿌리 깊으면야

- 뿌리 기프며냐

밑둥 잘리어도 새순은 돋거니

- 믿똥 잘리어도 새수는 돋꺼니

충분히 흔들리자 상한 영혼이여

- 충분히 흔들리자 상한 영호니여

충분히 흔들리며 고통에게로 가자

- 충분히 흔들리며 고통에게로 가자

〉

뿌리 없이 흔들리는 부평초 잎이라도
- 뿌리 업ː씨 흔들리는 부평초 이피라도
물 고이면 꽃은 피거니
- 물 고이면 꼬츤 피거니
이 세상 어디서나 개울은 흐르고
- 이 세ː상 어디서나 개우른 흐르고
이 세상 어디서나 등불은 켜지듯
- 이 세ː상 어디서나 등뿌른 켜지듣
가자 고통이여 살 맞대고 가자
- 가자 고통이여 살 맏때고 가자
외롭기로 작정하면 어딘들 못 가랴
- 외롭끼로 작쩡하면 어딘들 몯ː 가랴
가기로 목숨 걸면 지는 해가 문제랴
- 가기로 목쑴 걸ː면 지는 해가 문ː제랴


고통과 설움의 땅 훨훨 지나서
- 고통과 서ː루믜(메) 땅 훨훨 지나서
뿌리 깊은 벌판에 서자
- 뿌리 기픈 벌파네 서자
두 팔로 막아도 바람은 불듯
- 두ː 팔로 마가도 바라믄 불ː듣

영원한 눈물이란 없느니라

- 영:원한 눈무리란 엄:느니라

영원한 비탄이란 없느니라

- 영:원한 비:타니란 엄:느니라

캄캄한 밤이라도 하늘 아래선

- 캄캄한 바미라도 하늘 아래선

마주 잡을 손 하나 오고 있거니

- 마주 자블 손 하나 오고 읻꺼니

# 10 목마와 숙녀 / 박인환

한 잔의 술을 마시고
우리는 버지니아 울프의 생애와
목마를 타고 떠난 숙녀의 옷자락을 이야기한다
목마는 주인을 버리고 그저 방울 소리만 울리며
가을 속으로 떠났다 술병에서 별이 떨어진다
상심傷心한 별은 내 가슴에 가볍게 부서진다
그러한 잠시 내가 알던 소녀는
정원의 초목 옆에서 자라고
문학이 죽고 인생이 죽고
사랑의 진리마저 애증의 그림자를 버릴 때
목마를 탄 사랑의 사람은 보이지 않는다
세월은 가고 오는 것
한때는 고립을 피하여 시들어 가고
이제 우리는 작별하여야 한다
술병이 바람에 쓰러지는 소리를 들으며
늙은 여류작가의 눈을 바라다보아야 한다
…등대燈臺에…
불이 보이지 않아도
그저 간직한 페시미즘의 미래를 위하여

우리는 처량한 목마木馬 소리를 기억하여야 한다

모든 것이 떠나든 죽든

그저 가슴에 남은 희미한 의식을 붙잡고

우리는 버지니아 울프의 서러운 이야기를 들어야 한다

두 개의 바위틈을 지나 청춘을 찾은 뱀과 같이

눈을 뜨고 한 잔의 술을 마셔야 한다

인생은 외롭지도 않고

그저 잡지의 표지처럼 통속하거늘

한탄할 그 무엇이 무서워서 우리는 떠나는 것일까

목마는 하늘에 있고

방울 소리는 귓전에 철렁거리는데

가을바람 소리는

내 쓰러진 술병 속에서 목메어 우는데

* 1927년에 발표한 버지니아 울프의 소설 제목이 『등대로』이다.

- 『박인환 시전집』. 2018년 4월 20일. 스타북스. 81쪽~82쪽.

## 10. 목마와 숙녀 / 박인환

- 몽마와 숭녀 / 시 박인환. 낭:송 ○○○.

한 잔의 술을 마시고
- 한 자늬(네) 수를 마시고

우리는 버지니아 울프의 생애와
- 우리는 버지니아 울프의 생애와

목마를 타고 떠난 숙녀의 옷자락을 이야기한다
- 몽마를 타고 떠난 숭녀의(에) 옫짜라글 이야기한다

목마는 주인을 버리고 그저 방울 소리만 울리며
- 몽마는 주이늘 버리고 그저 방울 소리만 울리며

가을 속으로 떠났다 술병에서 별이 떨어진다
- 가을 소:그로 떠낟따 술뼝에서 벼:리 떠러진다

상심傷心한 별은 내 가슴에 가볍게 부서진다
- 상심한 벼:른 내 가스메 가볍께 부서진다

그러한 잠시 내가 알던 소녀는
- 그러한 잠:시 내가 알:던 소:녀는

정원의 초목 옆에서 자라고
- 정워늬(네) 초목 여페서 자라고

문학이 죽고 인생이 죽고
- 문하기 죽꼬 인생이 죽꼬

사랑의 진리마저 애증의 그림자를 버릴 때

- 사랑의(에) 질리마저 애:증의(에) 그:림자를 버릴 때

목마를 탄 사랑의 사람은 보이지 않는다

  - 몽마를 탄 사랑의(에) 사:라믄 보이지 안는다

세월은 가고 오는 것

  - 세:워른 가고 오는 걷

한때는 고립을 피하여 시들어 가고

  - 한때는 고리블 피:하여 시드러 가고

이제 우리는 작별하여야 한다

  - 이제 우리는 작뼐하여야 한다

술병이 바람에 쓰러지는 소리를 들으며

  - 술뼝이 바라메 쓰러지는 소리를 드르며

늙은 여류작가의 눈을 바라다보아야 한다

  - 늘근 여류작까의(에) 누늘 바라다보아야 한다

…등대燈臺에…

  - …등대에…

불이 보이지 않아도

  - 부리 보이지 아나도

그저 간직한 페시미즘의 미래를 위하여

  - 그저 간지칸 페시미즈믜(에) 미:래를 위하여

우리는 처량한 목마木馬 소리를 기억하여야 한다

  - 우리는 처량한 몽마 소리를 기어카여야 한다

모든 것이 떠나든 죽든

- 모ː든 거시 떠나든 죽뜬

그저 가슴에 남은 희미한 의식을 붙잡고

- 그저 가스메 나믄 히미한 의ː시글 붇짭꼬

우리는 버지니아 울프의 서러운 이야기를 들어야 한다

- 우리는 버지니아 울프의(에) 서ː러운 이야기를 드러야 한다

두 개의 바위틈을 지나 청춘을 찾은 뱀과 같이

- 두ː 개의(에) 바위트믈 지나 청추늘 차즌 뱀ː과 가치

눈을 뜨고 한 잔의 술을 마셔야 한다

- 누늘 뜨고 한 자늬(네) 수를 마셔야 한다

인생은 외롭지도 않고

- 인생은 외롭찌도 안코

그저 잡지의 표지처럼 통속하거늘

- 그저 잡찌의(에) 표지처럼 통소카거늘

한탄할 그 무엇이 무서워서 우리는 떠나는 것일까

- 한ː탄할 그 무어시 무서워서 우리는 떠나는 거실까

목마는 하늘에 있고

- 몽마는 하느레 읻꼬

방울 소리는 귓전에 철렁거리는데

- 방울 소리는 귀쩌네 철렁거리는데

가을바람 소리는

- 가을빠람 소리는

내 쓰러진 술병 속에서 목메어 우는데

- 내 쓰러진 술뼝 소ː게서 몽메어 우ː는데

# 11 자화상 / 서정주

애비는 종이었다. 밤이 깊어도 오지 않았다.
파뿌리같이 늙은 할머니와 대추꽃이 한 주 서 있을 뿐이었다.
어매는 달을 두고 풋살구가 꼭 하나만 먹고 싶다 하였으나……흙으로 바람벽 한 호롱불 밑에
손톱이 까만 에미의 아들.
갑오년이라든가 바다에 나가서는 돌아오지 않는다 하는 외할아버지의 숱 많은 머리털과 그 커다란 눈이 나는 닮았다 한다.

스물세 해 동안 나를 키운 건 8할이 바람이다.
세상은 가도 가도 부끄럽기만 하더라.
어떤 이는 내 눈에서 죄인罪人을 읽고 가고
어떤 이는 내 입에서 천치天痴를 읽고 가나
나는 아무것도 뉘우치진 않을란다.

찬란히 틔워 오는 어느 아침에도
이마 위에 얹힌 시詩의 이슬에는
몇 방울의 피가 언제나 섞여 있어
볕이거나 그늘이거나 혓바닥 늘어뜨린
병든 수캐마냥 헐떡거리며 나는 왔다.

–『교과서 시 정본해설』이숭원 저. Human & Books. 2008. 7. 25
 (개정판 2011. 7. 11.)

## 11. 자화상 / 서정주

– 자화상 / 시 서정주. 낭 : 송 ○○○.

애비는 종이었다. 밤이 깊어도 오지 않았다.
 – 애비는 종 : 이얻따. 바미 기퍼도 오지 아낟따.
파뿌리같이 늙은 할머니와 대추꽃이 한 주 서 있을 뿐이었다.
 – 파뿌리가치 늘근 할머니와 대 : 추꼬치 한 주 서 이쓸 뿌니얻따.
어매는 달을 두고 풋살구가 꼭 하나만 먹고 싶다 하였으나…… 흙으로 바람벽 한 호롱불 밑에
 – 어매는 다를 두고 푿쌀구가 꼭 하나만 먹꼬 십따 하여쓰나……흘그로 바람뻑 한 호롱뿔 미테
손톱이 까만 에미의 아들.
 – 손토비 까 : 만 에미의(에) 아들.
갑오년이라든가 바다에 나가서는 돌아오지 않는다 하는 외할아버지의 숱 많은 머리털과 그 커다란 눈이 나는 닮았다 한다.
 – 가보녀니라든가 바다에 나가서는 도라오지 안는다 하는 외 : 하라버지의(에) 숟 마 : 는 머리털과 그 커 : 다란 누니 나는 달맏따 한다.
 〉

스물세 해 동안 나를 키운 건 8할이 바람이다.
- 스물세 해 동안 나를 키운 건 팔하리 바라미다.

세상은 가도 가도 부끄럽기만 하더라.
- 세:상은 가도 가도 부끄럽끼만 하더라.

어떤 이는 내 눈에서 죄인을 읽고 가고
- 어떤 이는 내 누네서 죄:이늘 일꼬 가고

어떤 이는 내 입에서 천치를 읽고 가나
- 어떤 이는 내 이베서 천치를 일꼬 가나

나는 아무것도 뉘우치진 않을란다.
- 나는 아:무걷또 뉘우치진 아늘란다.


찬란히 틔워 오는 어느 아침에도
- 찰:란히 티워 오는 어느 아치메도

이마 위에 얹힌 시의 이슬에는
- 이마 위에 언친 시의(에) 이스레는

몇 방울의 피가 언제나 섞여 있어
- 멷 방우리(레) 피가 언:제나 서껴 이써

볕이거나 그늘이거나 혓바닥 늘어뜨린
- 벼치거나 그느리거나 혀빠닥 느러뜨린

병든 수캐마냥 헐떡거리며 나는 왔다
- 병:든 수캐마냥 헐떡꺼리며 나는 왇따.

# 12 남사당 / 노천명

나는 얼굴에 분칠을 하고
삼단같이 머리를 땋아 내린 사나이

초립에 쾌자를 걸친 조라치들이
날라리를 부는 저녁이면
다홍치마를 두르고 나는 향단이가 된다
이리하여 장터 어느 넓은 마당을 빌려
램프 불을 돋운 포장 속에선
내 남성男聲이 십분十分 굴욕된다

산 넘어 지나온 저 동리엔
은반지를 사 주고 싶은
고운 처녀도 있었건만
다음 날이면 떠남을 짓는
처녀야!
나는 집시의 피였다
내일은 또 어느 동리로 들어간다냐

우리들의 소도구를 실은

노새의 뒤를 따라

산딸기의 이슬을 털며

길에 오르는 새벽은


구경꾼을 모으는 날라리 소리처럼

슬픔과 기쁨이 섞여 핀다


- 책『교과서 시 정본 해설』(휴먼앤북스, 2008. 07) 191~192쪽.
  지은이 : 이숭원




## 12. 남사당 / 노천명

- 남사당 / 시 노천명. 낭 : 송 ○○○.


나는 얼굴에 분칠을 하고

- 나는 얼구레 분치를 하고

삼단같이 머리를 땋아 내린 사나이

- 삼딴가치 머리를 따아 내린 사나이


초립에 쾌자를 걸친 조라치들이

- 초리베 쾌자를 걸 : 친 조 : 라치드리

날라리를 부는 저녁이면

날라리를 부:는 저녁이면

다홍치마를 두르고 나는 향단이가 된다

- 다홍치마를 두르고 나는 향다니가 된다

이리하여 장터 어느 넓은 마당을 빌려

- 이리하여 장터 어느 널븐 마당을 빌려

램프 불을 돋운 포장 속에선

- 램프 부를 도둔 포장 소:게선

내 남성男聲이 십분十分 굴욕된다

- 내 남성이 십뿐 구룍된다


산 넘어 지나온 저 동리엔

- 산 너머 지나온 저 동:니엔

은반지를 사 주고 싶은

- 은반지를 사 주고 시픈

고운 처녀도 있었건만

- 고운 처:녀도 이썯껀만

다음 날이면 떠남을 짓는

- 다음 나리면 떠나을 진:는

처녀야!

- 처:녀야!

나는 집시의 피였다

- 나는 집시의(에) 피엳따

235

내일은 또 어느 동리로 들어간다냐
- 내이른 또 어느 동:니로 드러간다냐


우리들의 소도구를 실은
- 우리드리(레) 소:도구를 시른
노새의 뒤를 따라
- 노새의(에) 뒤:를 따라
산딸기의 이슬을 털며
- 산딸기의(에) 이스를 털:며
길에 오르는 새벽은
- 기레 오르는 새벼근


구경꾼을 모으는 날라리 소리처럼
- 구:경꾸늘 모으는 날라리 소리처럼
슬픔과 기쁨이 섞여 핀다
- 슬픔과 기쁘미 서껴 핀다

# 13 한계령을 위한 연가 / 문정희

한겨울 못 잊을 사람하고
한계령쯤을 넘다가
뜻밖의 폭설을 만나고 싶다
뉴스는 다투어 수십 년 만의 풍요를 알리고
자동차들은 뒤뚱거리며
제 구멍들을 찾아가느라 법석이지만
한계령의 한계에 못 이긴 척 기꺼이 묶였으면

오오, 눈부신 고립
사방이 온통 흰 것뿐인 동화의 나라에
발이 아니라 운명이 묶였으면

이윽고 날이 어두워지면 풍요는
조금씩 공포로 변하고, 현실은
두려움의 색채를 드리우기 시작하지만
헬리콥터가 나타났을 때에도
나는 결코 손을 흔들지는 않으리
헬리콥터가 눈 속에 갇힌 야생조들과
짐승들을 위해 골고루 먹이를 뿌릴 때에도……

〉
시퍼렇게 살아 있는 젊은 심장을 향해
까아만 포탄을 뿌려 대던 헬리콥터들이
고라니나 꿩들의 일용할 양식을 위해
자비롭게 골고루 먹이를 뿌릴 때에도
나는 결코 옷자락을 보이지 않으리
아름다운 한계령에 기꺼이 묶여
난생처음 짧은 축복에 몸 둘 바를 모르리

- 문정희 시선집 『지금 장미를 따라』 (민음사. 2016.05.27.) 108~109쪽.

## 13. 한계령을 위한 연가 / 문정희

- 한계령을 위한 연:가 / 시 문정희. 낭:송 ○○○.

한겨울 못 잊을 사람하고
- 한겨울 몯: 이즐(몬니즐) 사:람하고

한계령쯤을 넘다가
- 한계령쯔을 넘:따가

뜻밖의 폭설을 만나고 싶다
- 뜯빠끼(께) 폭써를 만나고 십따

뉴스는 다투어 수십 년 만의 풍요를 알리고

- 뉴스는 다투어 수:십 년 마늬 풍요를 알리고

자동차들은 뒤뚱거리며

- 자동차드른 뒤뚱거리며

제 구멍들을 찾아가느라 법석이지만

- 제 구멍드를 차자가느라 법써기지만

한계령의 한계에 못 이긴 척 기꺼이 묶였으면

- 한계령의(에) 한:계에 몯: 이긴(몬니긴) 척 기꺼이 무껴쓰면


오오, 눈부신 고립

- 오오, 눈부신 고립

사방이 온통 흰 것뿐인 동화의 나라에

- 사:방이 온:통 힌 걷뿌닌 동:화의 나라에

발이 아니라 운명이 묶였으면

- 바리 아니라 운:명이 무껴쓰면


이윽고 날이 어두워지면 풍요는

- 이윽꼬 나리 어두워지면 풍요는

조금씩 공포로 변하고, 현실은

- 조금씩 공:포로 변:하고, 현:시른

두려움의 색채를 드리우기 시작하지만

- 두려우믜(메) 색채를 드리우기 시:자카지만

헬리콥터가 나타났을 때에도

- 헬리콥터가 나타나쓸 때에도
나는 결코 손을 흔들지는 않으리
　- 나는 결코 소늘 흔들지는 아느리
헬리콥터가 눈 속에 갇힌 야생조들과
　- 헬리콥터가 눈ː 소ː게 가친 야ː생조들과
짐승들을 위해 골고루 먹이를 뿌릴 때에도……
　- 짐승드를 위해 골고루 머기를 뿌릴 때에도……

시퍼렇게 살아 있는 젊은 심장을 향해
　- 시퍼러케 사라 인는 절믄 심장을 향ː해
까아만 포탄을 뿌려 대던 헬리콥터들이
　- 까아만 포타늘 뿌려 대ː던 헬리콥터드리
고라니나 꿩들의 일용할 양식을 위해
　- 고라니나 꿩드리(레) 이룡할 양시글 위해
자비롭게 골고루 먹이를 뿌릴 때에도
　- 자비롭께 골고루 머기를 뿌릴 때에도
나는 결코 옷자락을 보이지 않으리
　- 나는 결코 옫짜라글 보이지 아느리
아름다운 한계령에 기꺼이 묶여
　- 아름다운 한계령에 기꺼이 무껴
난생처음 짧은 축복에 몸 둘 바를 모르리
　- 난ː생처음 짤븐 축뽀게 몸 둘 바를(몸둘빠를) 모ː르리

# 14 빼앗긴 들에도 봄은 오는가 / 이상화

지금은 남의 땅 - 빼앗긴 들에도 봄은 오는가?

나는 온몸에 햇살을 받고
푸른 하늘 푸른 들이 맞붙은 곳으로
가르마 같은 논길을 따라 꿈속을 가듯 걸어만 간다.

입술을 다문 하늘아 들아
내 맘에는 내 혼자 온 것 같지를 않구나
네가 끌었느냐 누가 부르더냐 답답워라 말을 해 다오.

바람은 내 귀에 속삭이며
한 자국도 섰지 마라 옷자락을 흔들고
종조리는 울타리 너머 아씨같이 구름 뒤에서 반갑다 웃네.

고맙게 잘 자란 보리밭아
간밤 자정이 넘어 내리던 고운 비로
너는 삼단 같은 머리를 감았구나 내 머리조차 가뿐하다.

혼자라도 가쁘게나 가자.

마른 논을 안고 도는 착한 도랑이
젖먹이 달래는 노래를 하고 제 혼자 어깨춤만 추고 가네.

나비 제비야 깝치지 마라
맨드라미 들마꽃에도 인사를 해야지
아주까리 기름을 바른 이가 지심매던 그 들이라 다 보고 싶다.

내 손에 호미를 쥐어 다오.
살진 젖가슴과 같은 부드러운 이 흙을
발목이 시도록 밟아도 보고 좋은 땀조차 흘리고 싶다.

강가에 나온 아이와 같이
짬도 모르고 끝도 없이 닫는 내 혼아
무엇을 찾느냐 어데로 가느냐 우서웁다 답을 하려무나.

나는 온몸에 풋내를 띠고
푸른 웃음 푸른 설움이 어우러진 사이로
다리를 절며 하루를 걷는다 아마도 봄 신령이 지폈나 보다.
그러나 지금은 - 들을 빼앗겨 봄조차 빼앗기겠네.

- 책『교과서 시 정본 해설』(Human & Books, 2008). 59~61쪽.

## 14. 빼앗긴 들에도 봄은 오는가 / 이상화

- 빼앝낀 드ː레도 보믄 오느가 / 시 이상화. 낭ː송 ○○○.

지금은 남의 땅 - 빼앗긴 들에도 봄은 오는가?

- 지그믄 나믜(메) 땅 - 빼앝낀 드ː레도 보믄 오느가?

나는 온몸에 햇살을 받고

- 나는 온ː모메 해싸를 받꼬

푸른 하늘 푸른 들이 맞붙은 곳으로

- 푸른 하늘 푸른 드ː리 맏뿌튼 고스로

가르마 같은 논길을 따라 꿈속을 가듯 걸어만 간다.

- 가르마 가튼 논끼를 따라 꿈쏘글 가든 거러만 간다.

입술을 다문 하늘아 들아

- 입쑤를 다문 하느라 드ː라

내 맘에는 내 혼자 온 것 같지를 않구나

- 내 마ː메는 내 혼자 온 걷 갇찌를 안쿠나

네가 끌었느냐 누가 부르더냐 답답워라 말을 해 다오.

- 네가 끄ː런느냐 누가 부르더냐 답따붜라 마ː를 해ː 다오.

바람은 내 귀에 속삭이며

- 바라믄 내 귀에 속싸기며

243

한 자국도 섰지 마라 옷자락을 흔들고

- 한 자국또 섣찌 마:라 옫짜라글 흔들고

종조리는 울타리 너머 아씨같이 구름 뒤에서 반갑다 웃네.

- 종조리는 울타리 너머 아:씨가치 구름 뒤:에서 반갑따 운:네.


고맙게 잘 자란 보리밭아

- 고맙께 잘 자란 보리바타

간밤 자정이 넘어 내리던 고운 비로

- 간밤 자정이 너머 내리던 고운 비로

너는 삼단 같은 머리를 감았구나 내 머리조차 가뿐하다.

- 너는 삼딴 가튼 머리를 가맏꾸나 내 머리조차 가뿐하다.


혼자라도 가쁘게나 가자.

- 혼자라도 가쁘게나 가자.

마른 논을 안고 도는 착한 도랑이

- 마른 노늘 안:꼬 도:는 차칸 도랑이

젖먹이 달래는 노래를 하고 제 혼자 어깨춤만 추고 가네.

- 전머기 달래는 노래를 하고 제 혼자 어깨춤만 추고 가네.


나비 제비야 깝치지 마라

- 나비 제:비야 깝치지 마:라

맨드라미 들마꽃에도 인사를 해야지

― 맨드라미 들마꼬체도 인사를 해:야지

아주까리 기름을 바른 이가 지심매던 그 들이라 다 보고 싶다.

― 아주까리 기르믈 바른 이가 지심매던 그 드:리라 다: 보고 십따.


내 손에 호미를 쥐어 다오.

― 내 소네 호미를 쥐어 다오.

살진 젖가슴과 같은 부드러운 이 흙을

― 살진 젇까슴과 가튼 부드러운 이 흘글

발목이 시도록 밟아도 보고 좋은 땅조차 흘리고 싶다.

― 발모기 시도록 발바도 보고 조:은 땅조차 흘리고 십따.


강가에 나온 아이와 같이

― 강까에 나온 아이와 가치

짬도 모르고 끝도 없이 닫는 내 혼아

― 짬도 모:르고 끋또 업:씨 단:는 내 호나

무엇을 찾느냐 어데로 가느냐 우서웁다 답을 하려무나

― 무어슬 찬느냐 어데로 가느냐 우:서웁따 다블 하려무나


나는 온몸에 풋내를 띠고

― 나는 온:모메 푼내를 띠:고

푸른 웃음 푸른 설움이 어우러진 사이로

245

- 푸른 우슴 푸른 서:루미 어우러진 사이로

다리를 절며 하루를 걷는다 아마도 봄 신령이 지폈나 보다.

- 다리를 절:며 하루를 건:는다 아마도 봄 실령이 지편나 보다.

그러나 지금은 - 들을 빼앗겨 봄조차 빼앗기겠네.

- 그러나 지그은 - 드:를 빼앋껴 봄조차 빼앋끼겐네.

## 15 나 하나 꽃 피어 / 조동화

나 하나 꽃피어
풀밭이 달라지겠느냐고
말하지 말아라
네가 꽃피고 나도 꽃피면
결국 풀밭이 온통
꽃밭이 되는 것 아니겠느냐

나 하나 물들어
산이 달라지겠느냐고도
말하지 말아라
내가 물들고 너도 물들면
결국 온 산이 활활
타오르는 것 아니겠느냐

- 시집 『나 하나 꽃 피어』 초록숲, 2013. 45쪽.

## 15. 나 하나 꽃 피어 / 조동화

- 나 하나 꼳 피어 / 시 조동화. 낭:송 ○○○.


나 하나 꽃피어

- 나 하나 꼳피어

풀밭이 달라지겠느냐고

- 풀바치 달라지겐느냐고

말하지 말아라

- 말:하지 마라라

네가 꽃피고 나도 꽃피면

- 네가 꼳피고 나도 꼳피면

결국 풀밭이 온통

- 결국 풀바치 온:통

꽃밭이 되는 것 아니겠느냐

- 꼳빠치 되는 걷 아니겐느냐


나 하나 물들어

- 나 하나 물드러

산이 달라지겠느냐고도

- 사니 달라지겐느냐고도

말하지 말아라

- 말:하지 마라라

내가 물들고 너도 물들면

- 내가 물들고 너도 물들면

결국 온 산이 활활

- 결국 온: 사니 활활

타오르는 것 아니겠느냐

- 타오르는 걷 아니겐느냐

## 16 방문객 / 정현종

사람이 온다는 건
실은 어머어마한 일이다.
그는
그의 과거와
현재와
그리고
그의 미래와 함께 오기 때문이다.
한 사람의 일생이 오기 때문이다.

부서지기 쉬운
그래서 부서지기도 했을
마음이 오는 것이다―그 갈피를
아마 바람은 더듬어볼 수 있을
마음,
내 마음이 그런 바람을 흉내낸다면
필경 환대가 될 것이다.

- 시인의 그림이 있는 정현종 시선집 『섬』 문학판, 2009. 10. 25.
 (개정판 2017. 12. 05. 3쇄). 33p

## 16. 방문객 / 정현종
- 방:문객 / 시 정현종. 낭:송 ○○○.

사람이 온다는 건
- 사:라미 온다는 건

실은 어머어마한 일이다.
- 시른 어머어마한 이:리다.

그는
- 그는

그의 과거와
- 그의(그에) 과:거와

현재와
- 현:재와

그리고
- 그리고

그의 미래와 함께 오기 때문이다.
- 그의(그에) 미:래와 함께 오기 때무니다.

한 사람의 일생이 오기 때문이다.
- 한 사:라믜(에) 일쌩이 오기 때무니다.

부서지기 쉬운
- 부서지기 쉬운

그래서 부서지기도 했을

- 그래서 부서지기도 해ː쓸

마음이 오는 것이다-그 갈피를

- 마으미 오는 거시다-그 갈피를

아마 바람은 더듬어볼 수 있을

- 아마 바라믄 더드머볼 수(쑤) 이쓸

마음,

- 마음,

내 마음이 그런 바람을 흉내낸다면

- 내 마으미 그런 바라믈 흉내낸다면

필경 환대가 될 것이다.

- 필경 환대가 될 거시다(될꺼시다).

# 17 네 켤레의 신발 / 이기철

오늘 저 나직한 지붕 아래서
코와 눈매가 닮은 식구들이 모여앉아 저녁을 먹는 시간은
얼마나 따뜻한가

늘 만져서 반짝이는 찻잔, 잘 닦인 마룻바닥
조금만 바람이 불어도 소리 내는 창문 안에서
이제 스무 해를 함께 산 부부가 식탁에 앉아
안나 카레니나를 이야기하는 모습은 얼마나 아름다운가

누가 긴 휘파람으로 불러왔는지, 커튼 안까지 달려온 별빛으로
아미까지 덮은 아이들의 머리카락 수를 헬 수 있는
밤은 얼마나 아늑한가

시금치와 배추 반 단의 저녁 식사에 초대하고 싶은 사람의 전화번
호를
마음으로 외는 시간이란 얼마나 넉넉한가
흙이 묻어도 정겨운, 함께 놓이면 그것이 곧 가족이고 식구인
네 켤레의 신발

- 이기철 시집.『열하를 향하여』민음사. 1995년 5월 10일. 100~101쪽.


## 17. 네 켤레의 신발 / 이기철
- 네 : 켤레의 신발 / 시 이기철. 낭 : 송 ○○○.


오늘 저 나직한 지붕 아래서
- 오늘 저 나지칸 지붕 아래서
코와 눈매가 닮은 식구들이 모여앉아 저녁을 먹는 시간은
- 코와 눈매가 달믄 식꾸드리 모여안자 저녀글 멍는 시가는
얼마나 따뜻한가
- 얼마나 따뜨탄가


늘 만져서 반짝이는 찻잔, 잘 닦인 마룻바닥
- 늘 만저서 반짜기는 차짠(찯짠), 잘 다낀 마루빠닥(마룬빠닥)
조금만 바람이 불어도 소리 내는 창문 안에서
- 조금만 바라미 부러도 소리 내 : 는 창문 아네서
이제 스무 해를 함께 산 부부가 식탁에 앉아
- 이제 스무 해를 함께 산 : 부부가 식타게 안자
안나 카레니나를 이야기하는 모습은 얼마나 아름다운가
- 안나 카레니나를 이야기하는 모스븐 얼마나 아름다운가
〉

누가 긴 휘파람으로 불러왔는지, 커튼 안까지 달려온 별빛으로

  - 누가 긴ː 휘파라므로 불러완는지, 커튼 안까지 달려온 별ː삐츠로

아미까지 덮은 아이들의 머리카락 수를 헬 수 있는

  - 아미까지 더픈 아이드릐(레) 머리카락 수ː를 헬ː 수(쑤) 인는

밤은 얼마나 아늑한가

  - 바믄 얼마나 아느칸가


시금치와 배추 반 단의 저녁 식사에 초대하고 싶은 사람의 전화번호를

  - 시금치와 배ː추 반ː 다ː늬(네) 저녁 식싸에 초대하고 시픈 사ː라믜(메) 전ː화번호를

마음으로 외는 시간이란 얼마나 넉넉한가

  - 마으므로 외ː는(웨ː는) 시가니란 얼마나 넝너칸가

흙이 묻어도 정겨운, 함께 놓이면 그것이 곧 가족이고 식구인

  - 흘기 무더도 정겨운, 함께 노이면 그거시 곧 가조기고 식꾸인

네 켤레의 신발

  - 네ː 켤레의(에) 신발

# 18 그대 앞에 봄이 있다 / 김종해

우리 살아가는 일 속에
파도 치는 날 바람 부는 날이
어디 한두 번이랴
그런 날은 조용히 닻을 내리고
오늘 일을 잠시라도
낮은 곳에 묻어 두어야 한다
우리 사랑하는 일 또한 그 같아서
파도 치는 날 바람 부는 날은
높은 파도를 타지 않고
낮게 낮게 밀물져야 한다
사랑하는 이여
상처받지 않은 사랑이 어디 있으랴
추운 겨울 다 지내고
꽃필 차례가 바로 그대 앞에 있다

- 시집『그대 앞에 봄이 있다』문학세계사, 2017. 10~11쪽.

## 18. 그대 앞에 봄이 있다 / 김종해

- 그대 아페 보미 읻따 / 시 김종해. 낭:송 ○○○.

우리 살아가는 일 속에
 - 우리 사라가는 일 : 소:게(일:쏘게)
파도 치는 날 바람 부는 날이
 - 파도 치는 날 바람 부:는 나리
어디 한두 번이랴
 - 어디 한두 버니랴
그런 날은 조용히 닻을 내리고
 - 그런 나른 조용히 다츨 내리고
오늘 일을 잠시라도
 - 오늘 이:를 잠:시라도
낮은 곳에 묻어 두어야 한다
 - 나즌 고세 무더 두어야 한다
우리 사랑하는 일 또한 그 같아서
 - 우리 사랑하는 일 : 또한 그 가타서
파도 치는 날 바람 부는 날은
 - 파도 치는 날 바람 부:는 나른
높은 파도를 타지 않고
 - 노픈 파도를 타지 안코
낮게 낮게 밀물져야 한다

- 낟께 낟께 밀물저야 한다

사랑하는 이여

- 사랑하는 이여

상처받지 않은 사랑이 어디 있으랴

- 상처받찌 아는 사랑이 어디 이쓰랴

추운 겨울 다 지내고

- 추운 겨울 다 : 지 : 내고

꽃필 차례가 바로 그대 앞에 있다

- 꼳필 차례가 바로 그대 아페 읻따

# 19 들판은 시집이다 / 이기철

천천히 걷는 들길은 읽을 것이 많이 남은 시집이다
발에 밟히는 풀과 꽃들은 모두 시어다
오전의 햇살에 일찍 데워진 돌들
미리 따뜻해진 구름은 잊혀지지 않는 시행이다
잎을 흔드는 버드나무는 읽을수록 새로워지는 구절
뻐꾸기 울음은 무심코 떠오르는 명구다

벌들의 날개 소리는 시의 첫 행이다
씀바귀 잎을 적시는 물소리는 아름다운 끝 줄
넝쿨풀은 쪽을 넘기면서 읽는 행이 긴 구절
나비 날갯짓은 오래가는 여운이다
바람이 지나가고 나면 혼자 남는 파밭
종달새 날아오르면 아까 읽은 구절이 되살아나는
보리밭은 표지가 푸른 시집이다
갓 봉지 맺은 제비꽃은
초등학교 국어책에 나오는 동시다

벅찬 약속도 아픈 이별도 해 본 적 없는 논밭
물소리가 다 읽고 간 들판의 시집을

풀잎과 내가 다시 읽는다

- 한국대표명시선.『노래마다 눈물이 묻어 있다』. 시인생각.
  2013년 2월 15일. 81쪽.

## 19. 들판은 시집이다 /이기철

- 들ː파는 시지비다 시 이기철. 낭ː송 ○○○.

천천히 걷는 들길은 읽을 것이 많이 남은 시집이다
- 천ː천히 건ː는 들ː끼른 일글 거시 마ː니 나믄 시지비다

발에 밟히는 풀과 꽃들은 모두 시어다
- 바레 발피는 풀과 꼳뜨른 모두 시어다

오전의 햇살에 일찍 데워진 돌들
- 오ː저늬 해싸레(핻싸레) 일찍 데워진 돌ː들

미리 따뜻해진 구름은 잊혀지지 않는 시행이다
- 미리 따뜨태진 구르믄 이처지지 안는 시행이다

잎을 흔드는 버드나무는 읽을수록 새로워지는 구절
- 이플 흔드는 버드나무는 일글쑤록 새로워지는 구절

뻐꾸기 울음은 무심코 떠오르는 명구다
- 뻐꾸기 우르믄 무심코 떠오르는 명꾸다

〉

벌들의 날개 소리는 시의 첫 행이다
- 벌:드리 날개 소리는 시의 첟 행이다
씀바귀 잎을 적시는 물소리는 아름다운 끝 줄
- 씀바귀 이플 적씨는 물쏘리는 아름다운 끋 줄(끋쭐)
넝쿨풀은 쪽을 넘기면서 읽는 행이 긴 구절
- 넝쿨푸른 쪼글 넘기면서 잉는 행이 긴: 구절
나비 날갯짓은 오래가는 여운이다
- 나비 날개찌슨(날갣찌슨) 오래가는 여우니다
바람이 지나가고 나면 혼자 남는 파밭
- 바라미 지나가고 나면 혼자 남:는 파받
종달새 날아오르면 아까 읽은 구절이 되살아나는
- 종달쌔 나라오르면 아까 일근 구저리 되사라나는
보리밭은 표지가 푸른 시집이다
- 보리바튼 표지가 푸른 시지비다
갓 봉지 맺은 제비꽃은
- 갇 봉지 매즌 제:비꼬츤
초등학교 국어책에 나오는 동시다
- 초등학꾜 구거채게 나오는 동:시다


벅찬 약속도 아픈 이별도 해 본 적 없는 논밭
- 벅찬 약쏙또 아픈 이:별도 해: 본 적 엄:는 논받
물소리가 다 읽고 간 들판의 시집을

- 물쏘리가 다: 일꼬 간 들:파늬 시지블

풀잎과 내가 다시 읽는다

- 풀립꽈 내가 다시 잉는다

## 20 멀리서 빈다 / 나태주

어딘가 내가 모르는 곳에
보이지 않는 꽃처럼 웃고 있는
너 한 사람으로 하여 세상은
다시 한 번 눈부신 아침이 되고

어딘가 네가 모르는 곳에
보이지 않는 풀잎처럼 숨 쉬고 있는
나 한 사람으로 하여 세상은
다시 한 번 고요한 저녁이 온다

가을이다, 부디 아프지 마라

- 나태주 대표시선집 『이제 너 없이도 너를 좋아할 수 있다』 푸른길, 초판7쇄 2021. 73p

## 20. 멀리서 빈다 / 나태주
- 멀:리서 빈:다 / 시 나태주. 낭:송 ○○○.

어딘가 내가 모르는 곳에
- 어딘가 내가 모:르는 고세
보이지 않는 꽃처럼 웃고 있는
- 보이지 안는 꼳처럼 욷:꼬 인는
너 한 사람으로 하여 세상은
- 너 한 사:라므로 하여 세:상은
다시 한 번 눈부신 아침이 되고
- 다시 한 번 눈부신 아치미 되고

어딘가 네가 모르는 곳에
- 어딘가 네가 모:르는 고세
보이지 않는 풀잎처럼 숨 쉬고 있는
- 보이지 안는 풀립처럼 숨: 쉬:고 인는
나 한 사람으로 하여 세상은
- 나 한 사:라므로 하여 세:상은
다시 한 번 고요한 저녁이 온다
- 다시 한 번 고요한 저녀기 온다

가을이다, 부디 아프지 마라
- 가으리다, 부:디 아프지 마:라